我國師資培育百年回顧與展望

中華民國師範教育學會 主編

楊思偉 陳盛賢 吳宜樺 陳琦媛 葉憲峻
王欣宜 羅珮綺 顏佩如 黃雅鈴 林彩岫
施宜煌 陳慧芬 呂鍾卿 曾榮華 著

五南學術叢刊

五南圖書出版公司 印行

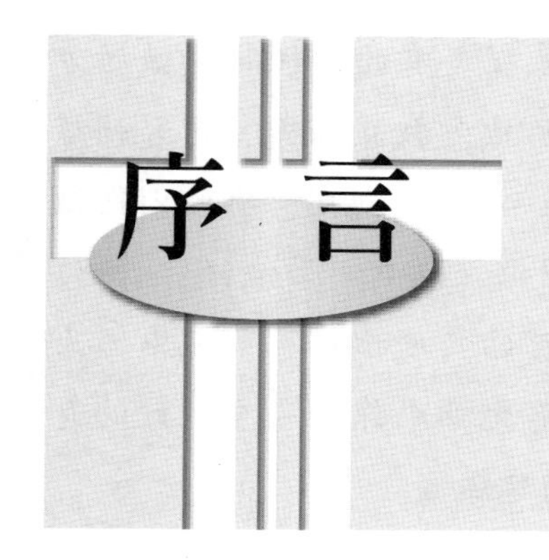

序言
Preface

優良師資是教育穩固的基石，也是國家社會安定的力量。因此培育優良的師資是各師資培育機構責無旁貸的重責大任。我國師資培育的制度，始於清朝末年上海南洋公學的師範院，迄今已達百餘年的歷史，師資培育的方式早期中學師資除師範大學外，一般大學教育學院或教育學系可以參與培育，民國68年「師範教育法」公布後，中小學教師的培育改採一元化制度，至民國83公佈「師資培育法」後，則又採取儲備式的培育方式，開放一般大學也可參與培育師資，惟不管培育制度如何演變，中小學教師的學歷則不斷的提升，目前小學教師的學歷已完全提高到大學程度，將來中小學教師學歷亦有邁向碩士化程度的趨勢。

欣逢中華民國創建百年，因此本年度師範教育學會即以「師資培育百年的回顧與展望」爲題，徵求論文。回顧歷史可以鑑往知來，借鑑過去歷次培育更迭的軌跡，再參照目前的教育趨勢勢及先進國家的做法，或可規劃未來師資培育較爲可行的方向。

本次徵稿從來稿中共選出九篇文章，九篇中分別從不同的面向論述，範圍相當廣泛，包括從比較整體且大方向的探討，如師資培育制度變革與未來動向、特殊教育師資培育歷程演變與展望；有的則從特定議題方式去切入，如輔導教師制度、師資培育機構的地方教育輔導、實習輔導教師認證、教師專業發展評鑑與教師專業成長—教室觀察；有的則從微觀的角度進行分析，如田培林思想中的教師圖像、成爲小學教師—一位光復初期的男性偏鄉教師；有的則從比較教育的角度出發，如從中國大陸師資培育最新趨勢省思台灣師資培育。九篇文章中作者皆有很好的見地，對於我國未來師資培育方向也提供寶貴的建議。

欣值本書附梓之際，一方面感謝各篇作者能夠惠賜鴻文，一方面亦有將本書內容先做導覽，以饗讀者，故樂爲之序。

楊思偉 謹識
於國立臺中教育大學
2012 年 02 月 15 日

目錄 Contents

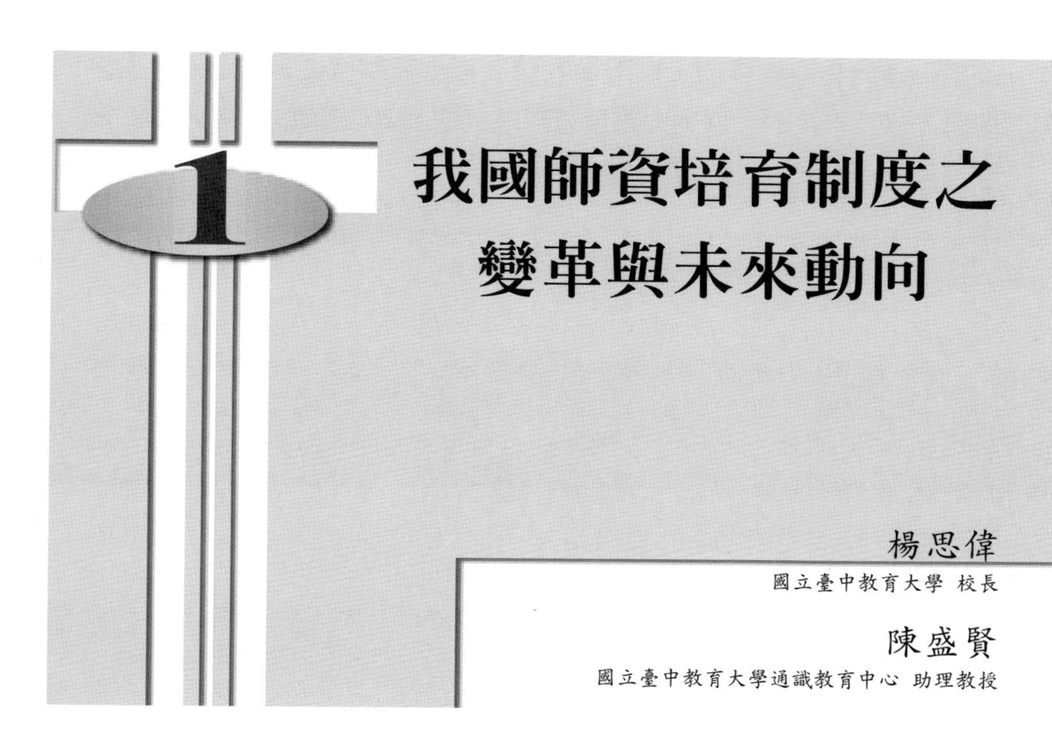

1 我國師資培育制度之變革與未來動向

楊思偉
國立臺中教育大學 校長

陳盛賢
國立臺中教育大學通識教育中心 助理教授

摘　要

回顧我國師資培育制度的百年發展，1897 年（清光緒 23 年）上海南洋公學內設師範院是我國現代化師資培育之啟端，而臺灣在日治時期之 1896 年，日本政府於臺北士林芝山巖開訓速成的教員講習所，培育臺灣各地小學校、公學校的教師、校長及國語傳習所所長、教師，同年臺灣總督府亦設國語學校師範部，此乃臺灣開始現代化師資培育之開始。經過百餘年的發展，師資培育制度在日治時期末建立起小學的師資培育體系，實施九年國民教育後之民國 60 年也發展出中學的師資培育體系，民國 68 年以後形成師範教育為主的一元化與計畫制培育，民國 83 年再改變為多元化與儲備制。以下從我國師資培育制度之變革發展、當前的問題、以及未來的發展動向來展望新時代的師資培育制度。

壹、我國師資培育制度之變革

我國的師資培育制度自 1897 年開始迄今，可劃分為四個時期：清光緒 23 年至民國 38 年之創始期，民國 38 年至民國 68 年之發展期，民國 68 年至民國 83 年之一元化時期，民國 83 年迄今之多元化時期。

一、創始期

清末受到中日甲午戰爭慘敗的刺激，積極從事教育改革，梁啟超著＜論師範＞，指出國家發展在於興學，而興學乃在於培育教師為先，繼而張之洞、盛宣懷的教育改革理念和設置師範學堂的事功表現，對於我國師資培育制度的開展是一大助力。光緒 23 年(1897 年)盛宣懷認為「師道立則善人多，故西國學堂必探原于師範」，故奏請在上海創辦南洋公學，設置「師範院」，分上、中、下三院培育南洋公學之師資，續有 1898 年京師大學堂分設師範齋，惟此皆偏隅辦理（伍振鷟、黃士嘉，2002；陳伯璋，1991；楊亮功，1967；解惠婷，2002）。

國家有體系的實施師資培育制度，則始於光緒 28 年（1902 年）張百熙奏頒「欽定學堂章程」(壬寅學制)，規定師範館與大學預科同等，培育中學師資，師範學校與中學堂同等，培育小學師資，此為國家現代化正式師資培育學制之肇始，亦發展為中小學二級制之師資培育體系，惟未能真正施行，此後光緒 29 年（1903 年）修改「欽定學堂章程」頒布「奏定學堂章程」(癸卯學制）奏定學堂章程頒布後，各地籌設師範學堂，始為正式全國設立師資培育機構。

民國 11 年教育部再公布《學制系統案》，採六三三制，以「師範大學」與「師範專修科」培育中學師資，而「六年一貫制師範學校」、「單設後二年或三年之師範學校」、「高中師範科」、「相當年期之師範學校或師範講習所」等四類培育小學師資，此時「師範」亦為高中教育之普通、農、工、家事等之一科，開啟中學合併師範之端。

民國 17 年辦理第一次全國教育會議，主張「師範學校得單獨設置」，同年通過《中華民國學校系統及整理師範教育制度案》，後於民國 21 年公布《師範學校法》，確立師範教育學制，讓師範學校脫離中學而單獨設立，並採用公費制，畢業後指定地點分發。民國 22 年公布《師範學校規程》與《職業科教師登記訓練辦法大綱》，設立高級與初級等兩級職業學科師資訓練班。

民國 24 年修正《師範學校規程》，規定各省可依該省情形劃分為若干師範學區，每區得設師範學校與女子師範學校各一所，此為中央規定省市分區設立師範學校之始（王煥琛，1989；陳伯璋，1991）。至於高等師範方面，當時只有北平師範大學一所，其餘皆是大學中的教育學院或是教育學系。

民國 27 年公布《師範學院規程》，讓師範學院可單獨設立，此時全國的師資培育由師範學校、師範學院與師範大學負責，民國 33 年行政院公布《全國師範學校學生公費待遇實施辦法》，進一步規定師範生全部公費。民國 34 年與 35 年師範校院校數、班級數與學生數快速增加，比民國 26 年中日戰爭爆發前之情形好。

目前中小學師資培育發展乃是在日治時期師資培育基礎下，融入國民政府的師資培育規劃，尤其是小學師資培育部分，因此亦要簡要說明日治時期的師資培育情形。1895 年 (清光緒 22 年，日本明治 29 年) 臺灣開始進入日治時期，日本為強化殖民統治，1896 年在臺北士林芝山巖開訓速成的教員講習所，培育臺灣各地小學校、公學校的教師、校長及國語傳習所所長、教師，同年臺灣總督府亦設國語學校師範部，此乃臺灣開始現代化師資培育之開始。

1899 年臺灣總督府為了培育公學校師資，分別在臺北大稻埕、彰化文廟、臺南三山國王廟設立臺北師範學校、臺中師範學校、臺南師範學校，開始有專設之師資培育機構，後因公學校設立情形不佳而暫時不需較多師資，旋於 1902 年停辦臺北與臺中兩校，再於 1904 年停辦臺南師範學校；直至 1919 年將國語學校為擴充為臺北師範學校，國語學校臺南分校改為臺南師範學校，1923 年再建臺中師範學校。1939 年日本擬推動臺灣的義務教育計畫，於是在 1940 年增設新竹師範學校與屏東師範學校，並配合 1944 年的六年義務教育，初步建構起臺灣小學教育的師資培育體系。

二、發展期

中日戰爭後，原先師資培育機構改隸國民政府並予更制，民國 36 年考量臺灣東部師資培育所需，再增設花蓮師範學校與臺東師範學校。國民政府將師範教育視為國家精神國防的重要工作，認為「國防第一，師範為先」，所以反應在實施上的重點為：重視民族教育精神、國語文之訓練、學術兼顧、知能並重，培養有為有守能為國家建設奠基的專業人員（陳伯璋，1991）。

民國 43 年為發展南部女子師範教育，增設高雄女子師範學校，民國 46 年為滿足當時小學師資的需求及嘉雲地區小學教學輔導的需要，再增設嘉義師範學校（徐南號，1996），自此有關過去培育小學師資之師範學校體系形成，並逐漸形成各地方教育輔導區域，由於師範學校的大量擴充，大幅地改善國民學校師資素質。

根據民國 43 年教育部頒佈《提高國民學校師資素質方案》，乃於民國 49 年首將臺中師範學校改制為三年制師範專科學校，招收高中、高職或師範學校的畢業生，在校修業二年，實習一年。臺北與臺南兩校亦隨之改制。三年制雖將師範教育提升到專科程度，但是招來諸多批評：在校修業年限過短，不足以培養師範生專業之精神，此外三年制專招收高中畢業生，學生真正目的常準備報考大學，而不願擔任國小教師。

民國 51 年第四次全國教育會議，有五個提案主張將三年制師範專科學校，改為五年制師範專科學校，予以五年之專業教育。因此，民國 52 年已改為三專的臺北、臺中、臺南三校，同時改為五年制師專，其他學校於民國 56 年全部改制完畢。五年制師專招收初中的畢業生，修業年限五年，是當時世界各國師資專業訓練期最長的國家。

在中學師資培育部分，民國 35 年在臺灣設立省立臺灣師範學院，是臺灣第一所培育中學師資的專門機構，民國 44 年、56 年再改制為臺灣省立師範大學、國立臺灣師範大學，且因為民國 57 年年需要大量的師資以推動九年國教，民國 56 年將高雄女師改為臺灣省立高雄師範學院，指定臺大、成大、政大與中興開設教育學分，民國 60 年成立臺灣省立教育學院，以增加中等教育師資量，此時亦形成中學師資之培育體系。

三、一元化時期

民國 68 年 10 月《師範教育法》於立法院三讀通過，同時決議將《師範學校法》予以廢止。《師範教育法》確立師資培育一元化，規定「師資培育由政府設立之師範大學、師範學院及師範專科學校實施」，另有公立教育學院及公立大學教育學系學生准用該規定，所以民國 44 年起政治大學教育系亦負責部分中學師資培育的任務，此時 3 所師範大學以及政治大學教育學系培育中學師資，9 所師專培育小學師資，合計 13 校，是臺灣僅有的中小學師資培育機構。

其次《師範教育法施行細則》第四條：「本法第四條第三項所稱『有計劃之招生』，由各師範校、院視各省（市）地區中、小學各學科師資需要數量，擬訂招生名額，函報或層報教育部核定之。」確立此時期採取「一元化」、「計畫制」、「封閉式」和「公費制度」的師資培育方式，《師範教育法》公布施行後，師資培育逐漸自行體系，包括師範專科學校、師範大學、師範學院、公立大學教育學院系以及其研究所（伍振鷟、黃士嘉，2002；解惠婷，2002）。

民國 64 年第五次全國教育會議中，與會學者即有提議將國民小學師資提高到大學程度，即逐漸將五年制師專改制為師範學院，當時考量師專改為國立後，質疑是否能發揮原有輔導地方國小的功能，使得該提議作罷。直至民國 76 年政府才一舉將九所師專改制為師範學院。改制後的師範學院招收高中畢業生，此時也開始以學系方式培育小學師資；而且師範學院畢業的小學教師規定薪級與中學教師相同。另外，各師範學院都得設進修部，現職的國民小學教師都可以取得大學畢業資格（林靜宜，2009；徐南號，1996；陳伯璋，1991；王煥琛，1989）。

一元化時期之師資培育特色（伍振鷟、黃士嘉，2002；李園會，2001；林靜宜，2009）。

（一）確立一元化師資培育：根據《師範教育法》第二條第一項規定：「師範教育由政府設立之師範大學、師範學院及師範專科學校實施之。」確立師範教育實施之單一機構，保障師範校院師範生的任教機會。

（二）確立公費制度：《師範教育法》第十五條規定：「師範校、院學生在校肄業期間免繳學費，並給予公費為原則」。此條文明定師範生予以公費之原則。在第十七條規定公費生畢業後的服務年限，至少應與其受領公費的年數相同，在規定服務年限內，不得從事教育以外的工作或升學。公費生於修業期滿成績及格者，由教育行政機關分發實習與服務。

（三）中小學教師分途培育的原則：《師範教育法》第三條規定：「師範大學、師範學院以培養中等學校或國民小學教師及其他教育專業人員為目的 …… 師範專科學校以培養國民小學、幼稚園校師及其他教育專業人員為目的。」此條文確立中小學教師分途培育之原則。

（四）實習輔導制度之建立：《師範教育法》第十二條規定：「師範專科學校分二年制及五年制：二年制者，修業年限二年；五年制者，修業年限五年；均另加一年實習。」各校院依據相關法令建立「實習輔導制度」，是此時期另一項特色。

（五）計畫式師資培育方式：依據每年教師需求量的預估作計畫式的培育師資。

（六）明訂教師在職進修義務：《師範教育法》公布後，則明文規定教師有進修之義務，並頒佈《中小學教師在職進修研究辦法》，使教師在職進修有較完整明確的規定。各師範校院與各省市廳局教師研習中心均積極辦理教師在職進修，對提昇教師素質、增進教師專業知能大有助益。

四、多元化時期

民國 83 年公佈《師資培育法》，為我國師資培育制度百年的重大變革。民國 68 年《師範教育法》公布實施數年後，雖對師資培育工作有顯著的效益，然而，因時代的變遷與制度本身的限制，產生許多問題：師資供需失調、職校或國中某些類科師資缺乏、師範生分發困難以因才任教、結業生實施輔導未能充分落實、師範生轉業或升學的限制等（李園會，2001；張德銳、丁一顧，2005）。再則，在民國 83 年以前，教育實習為職前教育的一部分，在師範校院結業後，由政府分發且經過一年的教育實習及格後，才能畢業取得合格教師證，由於實習教師佔正式教職缺，造成實習流於形式，成果不彰（吳清山，2005）。

一元化、計畫制的師資培育制度受到質疑與討論，為因應培育多元開放社會的師資、教育部乃開始研擬《師範教育法修正草案》，數次召開相關研商會議，最後於民國 83 年 2 月立法院三讀通過，將原本的《師範教育法》修改為《師資培育法》，由一元化改為多元化培育方式。

師資培育法有以下幾項特色（李園會，2001；伍振鷟、黃士嘉，2002；林靜宜，2009）：

（一）師資培育管道多元化：除了師範校院繼續得以培育師資外，一般大學經申請並獲教育部核准即可設立教育學程中心培育師資生。

（二）建立教師資格檢定制度：依據師資培育法規定，初檢與複檢是成為合格教師的必經歷程，即修畢教育學程課程並參與六個月教育實習後，再經過教師資格檢定考試及格。對師資素質品質管制，建立教師證照制度，走向專業化之發展。

（三）推行公自費制度並行：以自費為主，並兼採公費與提供獎助學金的方式實施。公費生以就讀師資類科不足之學系或畢業後自願到偏遠或特殊地區學校服務之學生為原則。將原以公費為主的制度，改由市場供需決定的自費為主，公費生則因具有特殊任務，僅係輔助性質。

（四）儲備制師資培育方式：「師範教育法」採計畫式的培育方式，「師資培育法」採儲備式培育方式，希望培育大量具有資格的教師，並藉由市場機能調整師資供需。

（五）分流與合流式並行師資培育：師範大學可設小學學程，培育國小師資，而師範學院亦可設置中學學程，培育中學師資。

（六）加強教育實習輔導：教育實習是師資培育重要環節，具有導入教育的功能。但師範教育法僅規定公費生結業後需另加實習一年，自費生則無此限制。師資培育法要求，無論公、自費生，只要欲成為合格教師即需實習一年。而師資培育機構之實習輔導單位，辦理學生實習之相關輔導工作。此時期規定教育實習的範圍包含教育實習、導師實習和行政實習，明訂職前教育之重要歷程。

教育部於民國 91 年修正公布「師資培育法」第八條規定：「修習師資職前教育課程者，含其本學系之修業期限以四年為原則，並另加教育實習課程半年。」此規定將教育實習縮短為半年並將其納入職前教育課程中。原「高級中等以下學校及幼稚園教師資格檢定及教育實習辦法」於民國 92 年廢止，另修正「師資培育法」第十一條：「大學畢業依第九條第四項或前條第一項規定取得修畢師資職前教育證明書者，參加教師資格檢定通過後由中央主管機關發給教師證書……。」又民國 94 年公布「師資培育之大學辦理教育實習作業原則」以為教育實習之依據。現行之教育實習一般稱為新制教育實習，師資生於進行教育實習課程之前，需先取得教育實習證，再進行為期半年的教育實習，在實習期間，師資生的身分為實習學生，政府不再負擔實習津貼，甚至學校可斟酌向實習生收取教育實習所需之學分費；經過半年實習後，成績及格者，取得教師職前證書，並以此證書參加教師資格檢定，通過檢定者方能取得教師證書，以便獲得參加教師甄試之資格。

民國 83 年《師資培育法》取代《師範教育法》，走向師資培育多元化，為國內師資培育制度帶入另一新的階段。在這期間，一般大學因應潮流、學生需求及辦學目標，開始快速設立師資培育單位，直至民國 93 年全國師資培育之大學成長至 75 校，包含 9 所師範 / 教育大學，一般大學 64 所，以及僅設師資培育學系之大學（無教育學程）之 2 校（致遠管理學院、亞洲大學）。此後因應儲備教師過多與少子女化問題，教育部一方面管控師資培育數量，一方面藉由師資培育評鑑，讓辦學績效未符目標之師資培育之大學退場，而許多師資培育之大學亦因考量選讀師資培育課程學生大量減少的情形，紛紛停辦師資培育學程，迄至民國 98 年為止，師資培育之大學減至 54 校，師範大學 3 所、教育大學 5 所以及一般大學 46 所。實際減少了包括與國立東華大學整合後的原國立花蓮教育大學，與 30 所設有師資培育中心之一般大學，亦即設有師資培育中心之一般大學減少了 30%，不過目前師資培育大學之校數仍較民國 83 年高出甚多。

貳、當前之師資培育問題

師資培育多元化經過 17 年的發展，各大學紛紛設置教育學程，為師資培育及教育學術研究，增加儲備師資與許多研究成果，但是也在少子女化的影響下，讓師資培育的發展蒙上隱憂，尤其是多元化未能配合專業條件管控，儲備制與市場化未能有中堅穩定力量的調控，師資培育資源未能系統整合，也無法吸引適量的優秀人才擔任教師等問題。

一、無法吸引適量的優秀人才擔任教師

日治時期鼓勵臺灣優秀者就讀當公學校老師的「師範學校」及培養醫護人才的「醫學校」，這讓師範學校與醫學校的畢業生皆成為了社會菁英，且由於醫學校的公費名額甚少，多數家境不佳的優秀人才都以投考師範學校為首選（汪知亭，1959；吳文星，1983），日本治臺時期的殖民統治，藉由公費制讓多數臺籍清寒且優秀者進入師資培育體系。國民政府遷臺後，仍採師範學校的公費制，這讓臺灣的師資培育體系繼續可以吸納許多清寒的優秀人才，這在各國的師資培育體系中是相當特殊的。不過，當師範制度與公費制度失去連結，而目前又受到少子女化影響讓教職缺額大為減少，從小學學程開始，目前也影響至中學學程及其他類別學程，因就業困難，所以無法招到較多優秀學生，進入師資生行列，許多優秀人才面對短暫幾年沒有工作機會的情形，怯於選讀教育學程，讓未來的師資素質下降，進而影響教育品質。再者因為招不足學生，教育學程紛紛停辦，或轉型為教育相關系所，或成立教育學院，這對師資培育及各相關大學之發展，也造成相當衝擊與影響。

二、形成校園內教師結構斷層

現職教師在少子女化趨勢下，都可能因併校減班而成為超額教師。依教育部編印「師資培育統計年報」資料顯示，國小教師甄選自民國 95 年以來總錄取率在 3% 左右，中學教師的錄取率也僅 10%，整體錄取率以民國 97 年為例，僅 6.11%，相較於民國 93 年以前動輒 50% 以上的任

職情形，有相當大的差距，教職一位難求導致我國師資培育整體士氣受到相當衝擊。

各地方政府近年來多不舉辦國小教師甄試，這是因為少子女化所帶來的超額教師過多，不過這並非是最嚴重的問題，最嚴重的危機是因為缺乏新教師的投入，無法形成教師的新陳代謝，導致教師的平均年齡老化，校園內無法產生不同世代教師間的教學經驗傳承，而讓校園文化也發生斷層。

三、師範校院逐漸失去中堅穩定力量

師範校院在民國 89 年以後開始轉型，朝向「非全部師資培育」大學調整。其中 3 所師範大學逐漸轉型為以師培為主的綜合大學，而嘉義、臺東及臺南等 3 所師院陸續改制為綜合大學。民國 94 年 6 所師範學院改制為教育大學，除被要求轉型或整合之外，並因就業漸形困難，乃轉型發展各類非師資培育系所。目前雖實施多元開放儲備制度，但專業標準本位尚未建立，師資培育多由大學自主，如無韁多頭馬車，各自奔跑，失去主軸（李麗玲、陳益興、郭淑芳、陳盛賢、楊思偉、連啟瑞、黃坤龍、林詠淳，2009），而此時的師範校院也在轉型發展中，逐漸中堅穩力與典範傳承的功能。

四、師資培育行政過於分散帶來師資培育的危機

師資培育行政之規劃與執行工作，過去一直與中小學教育之規劃歸併在同一單位，從普通司、普通教育司、普通教育處、中等教育司皆是如此，此後隨著師資培育業務的複雜化，師資培育工作便分散於中等教育司（整體師資培育政策規劃）、高等教育司（2008 年 1 月起師範 / 教育大學改隸至高教司）、技職教育司（職業教育師資）、國教司（在職教師

進修與國教輔導團等）、中部辦公室（教師證照發放等）、教研會（教師專業發展評鑑等）、特教小組（特教師資）等單位，在相關業務職權上相互重疊無法釐清，沒有明確的分工權責分配，大幅減低組織運作之效能，更帶來師資培育的危機。

五、缺乏教師專業標準引領教師專業發展活動

目前我國各階段師資培育課程皆訂有包含普通課程、專門課程、教育專業課程及教育實習，這些課程針對中等學校、國民小學、幼稚園及特殊教育學校（班）師資類科之需要，分別規劃與訂定。惟目前欠缺教師專業標準之檢核機制，而無法建立適切導引依據。

教師專業發展之實施，首要之務即建構教師專業標準以為教師專業發展之鵠的。這一點，在美國、英國、澳州等先進國家近十多年來皆已完成全國性的教師專業標準，其中以美國在 1986 年所成立的「全美教學專業標準委員會」（National Board for Professional Teaching Standards，簡稱 NBPTS）最具有代表性。NBPTS 的成立宗旨在促進教學專業化，其主要任務有二：其一，為有成就的教師的知識及其表現，建立一套高而嚴格的標準；其二，發展全國性、自願性的教師認證制度，來肯定傑出資深教師，並激勵全國教師達成其所設定的標準。

六、師道文化式微

近十餘年來的社會變遷，加上中小學師資培育制度的改變、有違教育專業倫理事件的衝擊等，影響了社會大眾對於教師的認知與觀感。教師言行失常、管教不當、親師或師生互動不良等案例再再影響了社會大眾對教師的觀感，損及教師的社會形象，也牽動師生與親師的關係。而

包括大學教授，教師社群在專業化的努力成果往往也因一些負面的事件而受到抵銷，教師的榮譽感也因而下降。

參、未來師資培育之發展動向與展望

回顧我國師資培育政策自民國 83 年修正「師範教育法」為「師資培育法」，由一元計畫制改為多元儲備制，希冀透過多元儲備及競爭機制，提供中小學充裕之優質師資來源。惟我國開放多元師資培育管道後，師資培育逐漸有窄化為市場導向的趨勢，兼具人師及經師涵養課程較少，但社會以教育為志業之良師需求殷切。其次受少子女化衝擊，新進教師需求減少，師資生就任教職機會大幅緊縮，影響師資培育士氣及優秀人才投入教職意願。另外，部分教師未符合社會期待，時有體罰、教學不力等不適任個案，嚴重影響社會對教師的觀感，尊師重道與師道文化亟待重塑。

教師是培養國家未來優秀人才之關鍵角色，社會十分關注教師專業素養與表現，然由於資訊科技帶來的學習型態變化及知識更新加速，教師專業之養成非僅靠職前教育階段即能達成，因此必須透過教師在不同生涯階段持續專業成長與終身學習，始能因應教學現場新的挑戰與需求，回應社會的期待。

此外，偏遠地區及教育弱勢族群的師資素養，亦為師資培育面臨的重要課題。偏遠地區地理條件不利及教師員額的限制，導致各縣市國民中小學之偏遠學校或小校，為減緩學生外流之困境，優先聘齊國、英、數、理、社等領域教師，而緩聘其他領域教師，致使部分領域（例如：藝術與人文、綜合活動）長期缺乏教師，配課情形嚴重，影響偏遠地區學子受教權益。再者，新移民子女教育、原住民教育及特殊教育等弱勢族群教育等皆突顯了教育 M 型化的現象。因此，如何透過職前培育及在職進修強化教師之多元文化理念、特殊教育知能及弱勢關懷涵養，使每個孩子都能適性展才，落實公平正義之精神，是待努力處。

最後，人口高齡化、雙薪家庭及重視休閒活動之生活趨勢已是現行社會的特徵，如何連結師資培育，提供社會所需之幼兒照顧、成人教育及休閒運動的師資，將是未來新興課題。

面臨挑戰的師資培育及教師專業發展，應朝向優質精緻方向規劃，以教師專業標準為核心理念，建立專業永續之師資培育政策系統模型，精進教師素質，孕化以教育為志業的良師，爰透過下列具體策略，開創師資培育革新的黃金十年。

一、擘劃師資培育藍圖，引領師資培育發展

理想教師圖像係師資培育及教師專業發展政策規劃及執行之圭臬，透過明確揭櫫教師應有「傳道授業解惑、良師典範、傳承創新」的圖像，研訂「師資培育白皮書」，以提升師資培育之大學素質及暢通師資生就業機會，並參考先進國家成功經驗及落實社會公平正義相關作為為主軸，規劃推動教師職前培育、進用、專業發展、退撫、獎優汰劣等具體作為，並輔以修正「師資培育法」、「教師法」及「教育人員任用條例」等相關法規，健全並落實執行師資培育及教師專業發展政策，培養以教育為志業的良師。

二、創設「師資規劃及培育司」，統合師資培育業務

師資培育涉及各級各類教育之縱向聯繫與橫向協調，教育部配合組織改造及學校教育整體思維，整合教育資源，將設置專責單位，統合規劃辦理各級各類師資培育與相關業務事項，整合地方政府主管教育機關、師資培育之大學及中小學力量共同培育優秀師資，建立綿密精緻的「師資培育網」，並增加師資培育經費及資源，補助師資培育之大學邁向卓越，提高師資生及教師專業發展的投資，進而帶動師資培育制度專業化及永續發展。

三、推展師資培育優質適量，確保師資素質

適當的師資培育數量是優質師資培育的基礎，藉由推動「師資培育數量調控計畫」，完善師資供需評估，暢通就業進路。其次，精進師資培育歷程，強化師資生之特殊教育、多元文化及弱勢關懷等知能，透過成立國家層級教師專業標準及表現指標專案小組，規劃推動師資職前培育及在職教師專業表現檢核基準。再者，協助師資培育之大學與中小學建立夥伴關係，推動專業發展學校（professional development school，PDS），達成「教育實習最佳臨床場域、中小學創新經營、教師創意教學、學生創價學習」。並透過大學校院師資培育評鑑、師資培育精緻大學等措施，確保師資培育品質。最後，推動各類教師獎優活動，肯定教師工作價值，型塑尊師重道文化。

四、推動教師專業發展法制化，確保教師專業素質

配合教師專業標準及生涯發展，培育終身學習之現代教師，修法賦予教師進修、進階及評鑑等教師專業發展法源依據，確立教師專業成長

之權利與義務。其次，依據教師生涯發展階段，規劃專業進修課程，促使進修內容符應教學現場需求。再者，建構以教師為主體之多元進修模式，透過強化教師本位自我導向專業進修、推動學校本位及區域聯盟進修機制、發展教師專業學習社群及專業組織等支持系統，輔以教師專業成長之諮詢輔導機制，營造教師專業發展永續制度，形塑教師終身學習氛圍。最後，推動教師品質保證機制，導引教師專業發展，激勵教師士氣，落實教師專業精神，藉由系統性及制度化的專業發展及評鑑回饋機制，進而改善、精進及促進優質教師專業成長的永續發展。

「國家的未來在教育，教育的品質在良師」，教師素質是養成學生成就的最重要基礎，教師素質的高低攸關教育成敗。未來應以傳統文化中「傳道、授業、解惑」的人師、經師模範為基礎，推動社會的傳承與創新，培育出能理解新時代學生心理及回應社會變遷需求之教師為理想圖像，期望透過高素質之教師育成高品質之人力資源，作為厚植國家競爭力之良方。

參考文獻

王煥琛（1989）。我國小學師資培育制度發展與趨向。載於中華民國師範教育學會主編，**各國小學師資培育，頁 1-22**。臺北：師大書苑。

伍振鷟、黃士嘉（2002）。臺灣地區師範教育政策之發展 (1945-2001)。載於中華民國師範教育學會主編，**師資培育的政策與檢討，頁 1-29**。臺北：學富。

吳武典、楊思偉、周愚文、吳青山、高勳芳、符碧真、陳木金、方永泉、陳盛賢（2005）。**師資培育政策建議書**。教育部委託中華民國教育學會研究。

吳清基、黃乃熒、吳武典、李大偉、周淑卿、林育瑋、高新建、黃譯瑩（2007）。**各師資類科教師專業標準結案報告**。教育部委託中華民國師範教育學會。99 年 11 月 1 日取自 http://www.edu.tw/high-school/itemize_list.aspx?site_content_sn=4400。

李園會（1997）。**日據時期臺灣師範教育制度**。臺北：南天。

李麗玲、陳益興、郭淑芳、陳盛賢、楊思偉、連啟瑞、黃坤龍、林詠淳（2009）。師資培育政策回顧與展望。**國家教育研究院籌備處研究計畫成果報告**（NAER-97-08-C-1-01-07-2-07）。臺北市：國家教育研究院籌備處。

汪知亭（1978）。**臺灣教育史料新編**。臺北市：臺灣商務印書館。

林靜宜（2009）。**臺灣光復後師資培育制度之研究**。國立暨南國際大學教育政策與行政學系碩士論文。

徐南號（1996）。**臺灣教育史**。臺北市：師大書苑。

陳伯璋 (1991)。我國師範教育政策與制度之發展與檢討，載於教育部中等教育司主編，**世界各主要國家師資培育制度比較研究，頁 141-161**。臺北：正中書局。

彭煥勝主編（2009）。**臺灣教育史**。高雄：麗文。

楊亮功（1967）。我國師範教育之沿革及其進展。載於：中國教育學會主編，**師範教育研究，頁 1-15**。臺北市：正中書局。

解惠婷（2002）。**臺灣國小師資培育制度與其課程演變之研究**。臺東師範大學教育研究所碩士論文。

鄭玉卿、程瑋旻（2000）。師範教育制度。載於林天佑等主編，**臺灣教育探源，頁 60-61**。臺北：國立教育資料館。

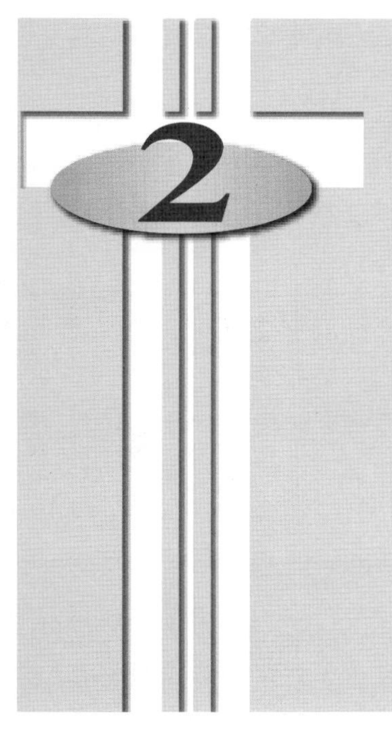

我國國民小學實習輔導教師制度之演進

吳宜樺
國立交通大學教育研究所碩士

陳琦媛
中國文化大學師資培育中心 助理教授
國立交通大學教育研究所 兼任助理教授

摘 要

本文旨在探討我國國民小學實習輔導教師制度之歷史演進脈絡，回顧《師範教育法》頒布前後及《師資培育法》修訂前後等四個時期的國民小學實習輔導教師制度，並檢視其相關法令，主要分析教育實習與實習輔導之規定，同時探究各時期的制度問題。

關鍵字：國民小學、實習輔導教師、制度演進

壹、前 言

教育實習在師資培育過程中肩負連結教育理論與實踐的功能（楊深坑，1994），而在實習的過程中，因實習輔導教師必須指導實習教師進行教育現場的教學及導師的學習工作，兩者朝夕相處，接觸最為密切；因此，實習輔導教師對於實習教師的觀念、態度及教育專業知能的養成，將產生深遠的影響（顏慶祥，2000），同時也是實習教師在實習歷程中的「重要他人」（高忠增、邱憶惠，2004）。基於此，本研究欲以實習輔導教師為主題探究我國實習輔導教師制度之歷史演進。

《師範教育法》與《師資培育法》為我國師資培育制度的主要依據法令（行政院新聞局，2006），實習輔導制度的相關規定亦訂定於此二法規及其相關子法中。而我國的中學師資與小學師資一向採分開培育的方式，在《師資培育法》頒布以前，兩者的教育實習與輔導方式所依循的法規亦有所不同（賴清標，2002）。因此，為全盤瞭解我國國民小學實習輔導教師制度之歷史脈絡，本研究乃依照時間順序，分別說明《師範教育法》頒布前後及《師資培育法》修訂前後等四個時期的國民小學實習輔導教師制度，並檢視相關法令，針對其制度問題加以探討與評析，茲分述於下。

貳、《師範教育法》頒布以前

我國師範教育制度萌芽於清末，光緒 23 年（1987 年）上海公學師範院的設立為師範教育之肇端（伍振鷟、黃士嘉，2002）；但臺灣地區早於光緒 21 年（1985 年）即因馬關條約割讓日本，故實際上臺灣在 1945 年以前的師範體系乃是受日本殖民統治之影響（楊洲松，2003）。在日治時期，臺灣人能就讀的僅有培育小學師資的師範學校，而在「皇民化」的殖民地政策下，各級學校教師大多由日籍教師充任，臺籍教師的數量極少（李園會，2001；陳奎憙，1998）；在師範教育課程部分，亦無教育實習及實習輔導之相關規定。

臺灣光復之後的國小師資培育制度，一方面承續大陸時期的師範教育制度，另一方面則將原有的師範學校改為省立，並增設多所師範學校（林永豐，1993；陳奎憙，1998）。1960 年為了順應世界潮流並提高初等教師素質，師範學校陸續升格為三年制師範專科學校，在校修業二年、實習一年；後又因修業年限太短，於 1963 年起陸續改制為五年制師範專科學校，至 1967 年共有省立臺北師範專科學校、省立臺北女子師範專科學校、省立新竹師範專科學校、省立臺中師範專科學校、省立嘉義師範專科學校、省立臺南師範專科學校、省立屏東師範專科學校、省立花蓮師範專科學校、省立臺東師範專科學校等九所。而為提昇國民學校師資的素質，師範生均享受公費待遇，且相當重視軍事訓練、民族精神教育及生活教育，貫徹蔣中正總統所昭示「師資第一，師範為先」的原則，以培養精神國防的尖兵（李園會，2001；林永豐，1993）。

有關實習的規定，最初是見於 1941 年公布的《師範學校（科）學生實習辦法》（臺灣省教育廳，1987；賴清標，2002），茲將此時期的教育實習相關規定、實習輔導相關規定及其問題分述於下。

一、教育實習之相關規定

依據《師範學校（科）學生實習辦法》之規定，實習包括參觀見習、教學實習及行政實習等項，除最後一學年規定實習時間外，其餘各學年亦應於必要時隨時舉行參觀；實習機關除附屬學校及指定之鄉（鎮）堡外，其所在地之中心學校國民學校及鄰近之鄉（鎮）堡與社會教育機關，可於商得其主管人員之同意後，分派學生前往實習（教育部，1941）。

二、實習輔導之相關規定

依據《師範學校（科）學生實習辦法》之規定，各項實習時，其原負責人即為該項實習學生之當然指導員；除附屬學校外，其他實習學校之教職員及實習機關之職員，得由師範學校校長聘為實習指導員。此辦法亦詳細規定指導員之職責，包括學生實習時，指導員須在旁視察，並記錄其缺點，以便開研究會時，提出討論或加以指示；且各項實習成績應先由指導人員考核，再由實習指導委員會評定（教育部，1941）。

三、制度問題

由上述規定可知，《師範學校（科）學生實習辦法》所規範的是「在校實習」的部分；師範學校學生於在學期間的教學實習完畢且考試及格後即可畢業，畢業後由教育廳分發到國民學校服務三年，並無結業後實習的規定。但師範專科學校學生，於教學實習完畢及考試及格後僅為結業，結業後由教育廳分發到國民學校任教，稱為實習教學，一年後方能畢業（侯璠，1969）；唯此時期均未訂定關於結業實習與輔導的相關規定，實習教師在工作上和待遇上亦與正式教師無差異（賴清標，2002）。

由於師範學校學生畢業後尚須服務三年才能發給畢業證書，黃元齡（1960）於是建議，在此期間內師範學校仍須不斷予以指導，藉以了解師範生在工作上的困難情形，協助其解決教學上的問題。侯璠（1969）亦指出，師範生畢業後即必須至小學任教服務，但實際上還在學習的地位，應該要有指導人員隨時予以指導，以健全教育實習的功能、改善實習輔導的問題。

參、《師範教育法》時期

以往師範教育的發展，主要是依據大陸時期制訂的《師範學校法》、《師範學院規程》及其他相關法令，但在法出多源的情況下，有礙師範教育的健全發展，例如師範學校改制為師專，就只能比照專科學校辦理（李園會，2001；林永豐，1993；陳奎憙，1998）。因此，教育部依據師範教育理論、參考世界主要國家師資培養制度之優點、衡酌我國師資供需情況及發展趨勢之後，於 1979 年公布《師範教育法》（黃士嘉，1999），正式確立由師範校院專責師資培育的一元封閉式制度，師範生以公費就學，畢業後分發服務（賴清標，2004）。此時期的中學師資和小學師資仍然分開培育，但實習的相關規定則趨於統一（賴清標，2002），茲將教育實習與輔導的相關規定分述於下。

一、教育實習之相關規定

依據《師範教育法》第十二條之規定，師範專科學校分為二年制及五年制，二年制之修業年限二年，五年制之修業年限五年，均另加實習一年（教育部，1979）。在實際執行上，實習教師是分發至有缺額的國民小學服務，採占缺實習的方式進行，實習教師的任教時數也比照正式教師辦理，實際上單獨授課（卓英豪，1997）。

二、實習輔導之相關規定

1982 年教育部將先前的法規合併統整為《師範校院學生實習及服務辦法》，但隔年（1983 年）為了加強教育實習，又頒布《師範校院結業生教育實習準則》，此準則對於實習輔導的規定也較為具體。至 1985 年，教育廳另外函知《臺灣省立師範專科學校結業生教育實習實施要點》，以加強國民小學實習教師教育實習輔導的具體措施，1987 年師範專科學校改制為師範學院後，將名稱改為《師範學院結業生教育實習實施要點》，但規範內容不變（薛梨真，1993）。因此，茲將《師範校院結業生教育實習準則》及《臺灣省立師範專科學校結業生教育實習實施要點》之相關規定分述於下。

（一）1983 年公布之《師範校院結業生教育實習準則》

為加強師範校院結業生的教育實習，教育部於 1983 年頒布《師範校院結業生教育實習準則》，明訂教育實習目標、內容項目、實習方式及實施辦法等，成為國民中、小學實習輔導的共同依據（杜源芳，1991；薛梨真，1993）。依據《師範校院結業生教育實習準則》之規定，師範專科學校結業生以分發至幼稚園及國民小學實習為主，其實習輔導工作由以下四類人員負責（教育部，1983）：

1. 師範專科學校各班設置實習導師一人，其人選由各校原擔任教學實習或各科教材教法之教師中聘任之；
2. 師範院校實習輔導單位之專任輔導教師；
3. 各級教育行政機關視導人員及輔導團團員；
4. 分發實習之單位主管或學校校長、主任。

由上述法規內容可知，此時期並無在實習學校設置實習輔導教師的規定。此外，法規雖規定各級教育行政機關及學校行政主管，對該地區學校的實習教師有輔導考核之責，但實際執行上，大多僅靠師範校院的實習輔導單位與導師負責實習輔導。然而，各學系的實習指導教師及實習導師，兼具教育專業知能與中小學教學、行政經驗者並不多，還必須付出較多的時間、精神與勞力處理實習教師的問題；因此，各學系洽請適合的指導教師時常遭遇困難，也使得指導的效果大打折扣（杜源芳，1991；湯維玲，1994）。再者，每班三、四十位實習教師，但只有一位指導教師負責，能夠發揮的輔導功能非常有限（賴清標，2002），造成實習一年有名無實，無法發揮教育實習的真正效用。

（二）1985 年公布之《臺灣省立師範專科學校結業生教育實習實施要點》

1985 年教育廳另外函知《臺灣省立師範專科學校結業生教育實習實施要點》，以加強國民小學實習教師教育實習輔導的具體措施（薛梨真，1993）。此《教育實習實施要點》之內容包含法令依據、實習目標、輔導原則、實施對象及時間、輔導人員及職責、實習內容及方式、輔導方式及活動、成績評量、實習經費九大項。要點中規定，輔導人員包括以下三類人員（教育部，1985）：

1. 師範專科學校的校長、實習輔導室主任、實習組長、實習導師及其他有關輔導人員；
2. 縣市政府教育局之局長、主任督學、課長、督學及國民教育輔導團；
3. 實習國民小學的校長、主任、特定指導教師。

實習的方式包括教學及行政、教學演示、撰寫報告、參加座談及其他實習活動。實習的輔導方式及活動則由師範專科學校、縣市政府教育局及實習國民小學三單位共同推動，包括（教育部，1985）：

1. 師範專科學校印發結業生教育實習手冊、舉辦輔導區結業實習輔導人員座談會、舉辦結業生座談會（包括返校座談與分區座談）、抽校訪問、通訊輔導、核閱報告、處理偶發事件及其他輔導；
2. 縣市政府教育局召開實習教師座談會、定期輔導、舉辦輔導活動及其他輔導；
3. 實習國民小學個別輔導、教學觀摩、解答疑難、指導研究、生活輔導及其他輔導。

由法規內容可知，實習教師是由師範專科學校、縣市教育局與實習學校共同輔導。唯在實際執行上，此項作法並未落實，原因可能是《師範學院結業生教育實習實施要點》所訂的輔導人員太多，又未明確規範輔導要求，例如安排個別指導教師部分，除臺南市因試辦強化實習輔導措施，以行政力量要求實習學校安排外，其他縣市均未要求也未安排，實習輔導工作有名無實（薛梨真，1993）；此外，實習教師的工作份量和任教時數也是比照正式教師辦理，實際上單獨授課（卓英豪，1997），因而導致教育實習流於形式、有名無實（楊深坑，2002）。

肆、《師資培育法》頒布後

《師範教育法》在實施十多年之後，由於 1987 年解除戒嚴，自由開放的風潮迅速興起，打破師範院校壟斷師資培育的呼聲逐漸出現；另外，由於師範校院無法培育職業類科師資，於是教育部乃於 1988 年開始著手研議修訂《師範教育法》（賴清標，2004）。經過七年的時間，歷經教育部研議、行政院審議與立法院審議三個時期，終於在 1994 年三讀通過，完成修法程序，將《師範教育法》修正為《師資培育法》公布施行（吳清山，2006）。

《師資培育法》為我國師資培育政策變革的重要轉捩點，除了確立師資培育的管道多元化，並以自費為主（周燦德，2009），同時也規範須經教育實習一年才能取得合格教師資格（卓英豪，1997）。為了落實教育實習，教育部乃於 1995 年公布《高級中等以下學校及幼稚園教師資格檢定及教育實習辦法》（以下簡稱《教育實習辦法》），成為教師資格檢定與教育實習方式的遵循法則。茲將此時期的教育實習相關規定、實習輔導相關規定、實習輔導教師的遴選原則及其問題分述於下。

一、教育實習之相關規定

依據《教育實習辦法》之規定，修畢師資職前教育課程且擬擔任教職者，應先參加教師資格初檢，初檢合格後核發實習教師證書，再配合其檢定之教育階段與科目，至教育實習機構參加教育實習。實習成績及格，並經教育行政機關複檢合格者，始可取得合格教師資格。實習教師之教育實習事項則以教學實習及導師（級務）實習為主，行政實習與研習活動為輔（教育部，1995）。

二、實習輔導之相關規定

為了能讓實習教師獲得更為妥善的輔導，《教育實習辦法》明確規定實習輔導的機構、人員與方式，茲分述於下（教育部，1995）。

（一）實習輔導機構方面

實習輔導的機構主要為師資培育機構與教育實習機構；「師資培育機構」係指師範校院及設有教育院、系、所或教育學程之大學校院，「教育實習機構」則指經遴選供教育實習之高級中等學校、國民中學、國民小學、幼稚園、特殊教育學校（班）或其他教育機構。

依據《教育實習辦法》第十條規定：「師資培育機構應遴選辦學績效良好、具有足夠合格師資且易於師資培育機構輔導的教育實習機構，並訂定實習契約，辦理教育實習」。第十三條亦規定：「師資培育機構應邀集教師研習進修機構、教育實習機構及教育實習機構所屬主管教育行政機關，組成實習輔導委員會，規劃實習教師整體輔導計畫」。

（二）實習輔導人員方面

負責實習輔導的人員，主要是教育實習機構的實習輔導教師及師資培育機構的實習指導教師兩類。依據《教育實習辦法》第十七條和第二十二條規定，教育實習機構應遴選實習輔導教師，讓實習教師在實習輔導教師的指導下，從事教學實習；第十八條則規定，師資培育機構應遴選實習指導教師，負責師資培育機構的實習輔導工作，並得酌減原授課時數二至四小時。

（三）實習輔導方式方面

依據《教育實習辦法》第十五條規定，教育實習輔導的辦理方式包括平時輔導、研習活動、巡迴輔導、通訊輔導及諮詢輔導等五種方式；後三者均由師資培育機構負責，平時輔導則由教育實習機構在該機構給予輔導，且應在實習輔導教師的指導下，從事教學實習。

三、實習輔導教師之遴選原則

依據 1995 年訂定的《教育實習辦法》第十七條規定，在教育實習機構擔任實習輔導教師者，以合格教師為限；每位實習輔導教師以輔導一位實習教師為原則，並得視需要實施團體輔導。實習輔導教師的遴選原則如下（教育部，1995）：

（一）有能力輔導實習教師者；

（二）有意願輔導實習教師者；

（三）具有教學三年以上及擔任導師三年以上之經驗者。

上述條件對某些特殊類科的實習教師可能有所影響，由於國小音樂、美勞、體育等藝能科任教師的合格師資人數本來就較少，也大多未具導師三年以上經驗，不符遴選原則；如此一來可能會有實習教師找不到實習輔導教師的窘境，或使得各校勢必得放寬遴選原則（陳奎憙，1998；蔡明昌，1997；薛梨真，1997）。

至 1998 年，由於國家行政體系上的變革，省級機構事實上已不存在（郭明郎，1999），另由於實習教師陳情、抗議，以及年度結業人數增加使得壓力逐年增大等因素（丁志權、陳淑茹，1998；陳嘉彌、汪履維，2000），教育部立即將《教育實習辦法》做修訂，此次修訂的修正幅度相當大，實習輔導教師的遴選原則亦在修訂範圍內。依據 1998 年修訂的《教育實習辦法》第十九條之規定，在教育實習機構擔任實習輔導教師者，仍應具有合格教師資格，唯增列「但新增類科或稀少性類科無足夠合格師資可供遴選，專案報請教育部備查者，不在此限」，放寬實習輔導教師的資格限制。實習輔導教師的遴選原則亦更為彈性，修正如下（教育部，1998）：

（一）有能力輔導實習教師者；

（二）有意願輔導實習教師者；

（三）具有教學三年以上之經驗者。

四、制度問題

此時期的實習輔導問題，大致可分為以下五點：

（一）實習輔導教師遴選原則過於籠統

在《教育實習辦法》規定的遴選原則中，未詳加定義何謂「有能力」，也未提出客觀的標準，實在太過籠統，有違法令明確之原則（蔡明昌，1997；梁瑞安，1998；顏慶祥、湯維玲、王嬿惠，1998）；這樣的規定也可能導致實習學校在遴選實習輔導教師時僅以「教學優良」為依據，而忽略實習輔導教師的人格特質與溝通技巧等其他能力（李雅婷，1999）。

（二）無專責單位負責實習輔導教師的遴選工作

其次，教育實習機構在遴選實習輔導教師時，也大多由校長或教務主任直接指派，並無專責單位負責實習輔導教師的遴選工作，遴選出的實習輔導教師也未必有意願（顏慶祥，2000）。

（三）實習輔導人員對制度內容仍不清楚

許多實習輔導人員，包括實習指導教師、實習輔導教師，以及實習學校的校長、主任等有關人員，對教育實習制度的內容與精神仍不甚清楚，對法規規定的內容亦不瞭解（丁志權、陳淑茹，1998）；有些實習輔導教師更反應，他們根本不瞭解教育實習的內涵，不知道該如何輔導實習教師，對於實習輔導教師的角色與職責也不清楚，導致擔任實習輔導教師的意願並不高（顏慶祥，2000）。

（四）實習輔導教師缺乏適當誘因

就獎勵機制而言，同為實習輔導人員，實習指導教師有減授鐘點的規定，但實習輔導教師卻僅有對輔導績效良好者給予敘獎的行政補充規定（楊慧玲，2006）。正因為沒有任何實質上的鼓勵措施，因此自願擔任實習輔導教師的比例較低，難以尋覓優良的實習輔導教師（陳利玲，2001）。

（五）專用名詞有待釐清

「實習指導教師」與「實習輔導教師」兩個專用名詞，乍看之下僅一字之差，在學術上的使用也頗為混亂；由法規看來，「實習指導教師」應指大學校院的教師，「實習輔導教師」則指中小學或幼稚園的教師。應將此二專用名詞加以清楚界定，並增列於法規上，以免造成混淆（丁志權，1996；吳清山，1997）。

伍、《師資培育法》修正公布後

《師資培育法》自 1994 年公布以來，已經多次修正，但以 2002 年修正公布的幅度最大（吳清山，2003），對於教育實習的規定亦有所調整；2003 年修正公布的《師資培育法施行細則》第十一條亦規定：「師資培育之大學為有效實施教育實習課程，應自訂教育實習實施辦法」（教育部，2003），讓各校自訂教育實習課程，先前所依據的《高級中等以下學校及幼稚園教師資格檢定及教育實習辦法》即於 2003 年廢止。

為避免師資培育機構自行訂立的實習規定，因各校辦理經驗、辦理熱忱及法規熟稔程度有別而影響實習之成效（楊慧玲，2006），教育部特於 2005 年訂定《師資培育之大學辦理教育實習作業原則》（以下簡稱《教育實習作業原則》），對於教育實習與輔導的規範，均較以往法規詳細（行政院新聞局，2006），成為師資培育之大學辦理教育實習的依據原則。茲將此時期的教育實習相關規定、實習輔導相關規定、實習輔導教師的遴選原則、獎勵及制度問題分述於下。

一、教育實習之相關規定

依據現行的《師資培育法》第七條規定：「師資培育包括師資職前教育及教師資格檢定，師資職前教育課程則包括普通課程、專門課程、教育專業課程及教育實習課程」。第八條亦規定：「修習師資職前教育課程者，含其本學系之修業期限以四年為原則，並另加教育實習課程半年；成績優異者，得依大學法之規定提前畢業，但半年之教育實習課程不得減少」（教育部，2005a）。由此可見，教育實習期間已縮短為半年，而且是包含在師資職前教育課程之內，也確立實習的身份為學生，並取消實習津貼、師資培育機構得收取實習輔導費用（王素芸、賴光真，2004）。

此外，依據 2005 年訂定的《教育實習作業原則》第七條規定，實習教師之教育實習事項仍以教學實習及導師（級務）實習為主、行政實習與研習活動為輔，並詳加規定其比重，以「教學實習占 40%、導師（級務）實習占 30%、行政實習占 20%、研習活動占 10%」為原則（教育部，2005b）。

二、實習輔導之相關規定

為增進實習輔導的效能，《教育實習作業原則》亦明確規定實習輔導的機構與人員，茲分述於下（教育部，2005b）。

（一）實習輔導機構方面

實習輔導的機構主要為師資培育之大學與教育實習機構；依據《教育實習作業原則》之規定，實習相關活動由師資培育之大學及教育實習機構共同規劃。師資培育之大學應辦理的實習輔導方式，包括到校輔導、研習活動、通訊輔導及諮詢輔導等四類。教育實習機構之遴定，則是由主管機關提供適宜實習且願意提供實習機會之機構名單，再經師資培育之大學遴選供教育實習之高級中等以下學校及幼稚園、特殊教育學校（班）。現行的《師資培育法》第十六條更規定：「高級中等以下學校、幼稚園及特殊教育學校（班）『應配合』師資培育之大學辦理全時教育實習」，主要用意在於減低師資培育之大學洽商教育實習機構的阻力（丁志權，2002）。

（二）實習輔導人員方面

負責實習輔導的人員，仍以師資培育之大學的實習指導教師及教育實習機構的實習輔導教師兩類為主。《教育實習作業原則》並將實習指導教師與實習輔導教師二個用詞予以定義，「實習指導教師」係指師資培育之大學教師受聘指導實習學生者；「實習輔導教師」則指教育實習機構教師，由教育實習機構向師資培育之大學推薦，輔導實習學生之教師，《教育實習作業原則》並詳細規範實習輔導教師之職責。

三、實習輔導教師之遴選原則

2002 年修訂的《高級中等以下學校及幼稚園教師資格檢定及教育實習辦法》，以及 2005 年訂定的《師資培育之大學辦理教育實習作業原則》，兩者所規範的實習輔導教師遴選原則，均沿用自 1998 年修訂《高級中等以下學校及幼稚園教師資格檢定及教育實習辦法》之規定。

四、實習輔導教師之獎勵

2005 年訂定的《師資培育之大學辦理教育實習作業原則》規定應給予實習輔導教師的獎勵如下：

（一）教育實習機構得減少實習輔導教師每週授課節數一節至二節；

（二）師資培育之大學得發給實習輔導教師聘書或感謝狀；

（三）任實習輔導教師滿半年以上，輔導績效良好，有具體事實者，師資培育之大學及主管機關得依相關規定給予獎勵。

至2009年，教育部發布《教育部補助師資培育之大學落實教育實習輔導工作實施要點》，目的在於協助師資培育之大學落實教育實習輔導工作，並緊密結合師資培育之大學、教育實習機構及實習學生三聯關係，同時輔導師資培育之大學遴選優質教育實習機構，建構完善實習環境（教育部，2009）。但是此實施要點的作法主要是補助各師資培育大學，並且詳細規範補助內容、補助基準及支用項目，僅能用在編印手冊、辦理返校座談、實習指導教授鐘點費等提升教育實習品質的作為；教育實習機構則必須透過師資培育大學申請補助，且名額不多，例如實習學生（教師）總數不足五十人之大學，僅能申請補助一所優質教育實習機構，而且教育實習機構僅得申請參與一所師資培育大學推薦，教育實習機構之支用項目包括（教育部，2010）：

（一）經常門經費：

1. 實習輔導教師進行教育實習之相關津貼或減授鐘點費用（本項經費應占申請總經費之業務費總額至少百分之四十）；
2. 辦理實習輔導教師實習輔導相關知能研習活動；
3. 推動優質實習輔導教師培訓活動；
4. 辦理其他提升實習學生（教師）實習品質作為。

（二）資本門經費：辦理實習輔導相關教學及行政等軟硬體設備。

此經費連續補助二年，每一所優質教育實習機構補助新臺幣二十五萬元，包括經常門二十萬元、資本門五萬元，次年經考核通過者補助新臺幣十五萬元，全數為經常門經費（教育部，2010）。不過由於此項要點才公布不久，其實施成效如何、教育實習機構究竟能獲得多少助益，仍有待探究。

五、制度問題

此時期的實習輔導問題，大致可分為以下五點：

（一）實習輔導教師之遴選原則仍過於籠統

由於法規訂定之實習輔導教師遴選原則，僅規定「有能力、有意願與三年教學經驗」三項，實習輔導的實務工作者黃宏祿（2006）於是建議，實習輔導教師的遴選工作要建立專業制度，若只規定實習輔導教師的年資對實習制度並沒有多大意義，最重要的是應參酌教師專業表現、專長及輔導專業訓練來決定實習輔導教師的人選。

（二）各校遴選實習輔導教師的作法不同

由於法規所規範的實習輔導教師遴選原則仍維持舊規定，並未訂出具體做法，在此狀況下，實習學校也就成為淘選優良實習輔導教師的關鍵推手（鄭婷云，2007）。而目前教育實習機構在遴選實習輔導教師時各自有不同的作法（王瑞壎，2010），有些學校會組成「實習輔導教師遴選小組」以嚴謹的程序遴選（李惠婷，2006），有些學校則是由學校行政主管指派實習輔導教師，若能遴選出優秀的實習輔導教師是實習學生的一大福音，反之則不然（張素貞，2009；蘇慕洵，2002），實習學生甚至會覺得能否跟到一位優秀的實習輔導教師，靠的是機運（鄭婷云，2007）。

（三）教育實習機構與實習輔導教師缺乏適當誘因

除明定中小學「應配合」師資培育之大學辦理教育實習外，也應有適當的獎勵機制，以提升教育實習機構及輔導人員的意願；否則以實際執行而言，中小學並不太願意接納實習教師，少數學校校長與教師也未依規定輔導實習教師，甚至把實習教師當作一般教師排課（丁志權，2002），將影響實習學生的專業發展。而目前教育部雖已發布《教育部補助師資培育之大學落實教育實習輔導工作實施要點》，不過教育實習機構必須透過師資培育大學申請補助，且名額不多；建議教育行政機關仍應致力於提供每一位實習輔導教師實質的獎勵，以提昇教師擔任實習輔導教師之意願。

陸、結語

我國國民小學實習輔導教師制度，大致可分為《師範教育法》頒布以前、《師範教育法》時期、《師資培育法》頒布後及《師資培育法》修正公布後等四個時期。由四個時期的歷史脈絡可以發現，最初僅有在學期間的實習課程，現今則愈來愈強調結業後的實習訓練；以往實習教師的工作內容和待遇都與正式教師無差異，現今則已在法規上明確規定實習學生的身份，且必須接受實習輔導教師的指導；教育實習與輔導已由「流於形式」朝「實質進行」趨勢發展，實習輔導工作的重心也由大學教授逐漸轉移至教育現場中的實習輔導教師。

唯實習輔導教師之地位雖愈為重要，但教育實習機構在遴選實習輔導教師時，仍存在許多問題有待解決，尤其實習輔導教師之遴選原則過於籠統並未訂出具體作法，導致教育實習機構在遴選實習輔導教師時各自有不同的作法，且各校在遴選時的嚴謹程度不一，未必每位實習學生都能有優秀的實習輔導教師給予指導，同時教育實習機構與實習輔導教師亦缺乏適當誘因；因此建議教育行政機關應將實習輔導教師之遴選原則更為具體規範與詳加定義，並致力於提供每一位實習輔導教師實質的獎勵，以提高教師擔任實習輔導教師之意願。

參考文獻

丁志權（1996）。高級中等學校以下及幼稚園教師資格檢定及教育實習辦法評析。**教師之友，37**（1），2-10。

丁志權（2002）。第二代「師資培育法」的變革與展望。**教師之友，43**（4），30-36。

丁志權、陳淑茹（1998）。「新版」教師資格檢定及教育實習辦法評析——兼論「一學期實習模式」。**教師之友，39**（**5**），37-47。

王素芸、賴光真（2004）。教育實習的概念分析——論我國教育實習制度及其改革。**國立編譯館館刊，32**（**1**），48-59。

王瑞壎（2010）。國民小學實習輔導教師能力理論與實際之分析——以實習輔導教師與實習學生的評價檢視。**教育研究月刊，189**，74-86。

行政院新聞局（2006）。**中華民國九十四年年鑑**。臺北市：行政院新聞局。

伍振鷟、黃士嘉（2002）。**臺灣地區師範教育政策之發展**（1945-2001）。

載於中華民國師範教育學會（主編），**師資培育的政策與檢討**（頁 1-29）。臺北市：學富。

李雅婷（1999）。國小實習輔導教師遭遇問題之研究。**教育實習輔導，5**（**2**），31-35。

李惠婷（2006）。**學校本位實習教師輔導制度之研究**。國立臺北教育大學國民教育學系碩士論文，未出版，臺北市。

李園會（2001）。**臺灣師範教育史**。臺北市：南天。

吳清山（1997）。師資培育法及相關法規內容評析。**教育資料集刊，22**，97-118。

吳清山（2003）。師資培育法：過去、現在與未來。**教育研究月刊，105**，27-43。

吳清山（2006）。**教育法規：理論與實務（第二版）**。臺北市：心理。

杜源芳（1991）。我國師範教育的實習。載於教育部中等教育司（主編），**世界各主要國家師資培育制度比較研究**（頁 205-221）。臺北市：正中。

林永豐（1993）。臺灣師範教育之演進。載於徐南號（主編），**臺灣教育史**（頁 33-58）。臺北市：師大書苑。

卓英豪（1997）。新制師資培育制度之建立。**教育資料集刊，22**，133-154。

周燦德（2009，12 月）。政治力量在臺灣教育政策運作歷程中的影響分析——相關案例之探討。載於國立臺北教育大學教育政策與管理研究所舉辦之**「2009 教育行政論壇」學術研討會論文集**（頁 A1-A17），臺北市。

侯璠（1969）。我國師範生實習現狀及其問題。載於中國教育學會（主編），**師範教育研究（第三版）**（頁 178-220）。臺北市：正中。

高忠增、邱憶惠（2004）。實習教師在實習學校的「重要他人」及其對實習教師之影響研究。**臺南女院學報，23**，615-637。

教育部（1941）。師範校院結業生教育實習準則。

教育部（1979）。師範教育法。

教育部（1983）。師範學校（科）學生實習辦法。

教育部（1985）。臺灣省立師範專科學校結業生教育實習實施要點。

教育部（1995）。高級中等以下學校及幼稚園教師資格檢定及教育實習辦法。

教育部（1998）。高級中等學校以下及幼稚園教師資格檢定及教育實習辦法。

教育部（2003）。師資培育法施行細則。

教育部（2005a）。師資培育法。

教育部（2005b）。師資培育之大學辦理教育實習作業原則。

教育部（2009）。教育部補助師資培育之大學落實教育實習輔導工作實施要點。

教育部（2010）。教育部補助師資培育之大學落實教育實習輔導工作實施要點。

陳利玲（2001）。**國民小學實習輔導教師制度之研究**。國立屏東師範學院國民教育研究所碩士論文，未出版，屏東市。

陳奎憙（1998）。我國師資培育制度變革之分析。**教育資料集刊，23**，171-195。

陳嘉彌、汪履維（2000，10 月）。學士後師資班應用師徒式教育實習模式：案例之分析研究。載於國立臺東師範學院舉辦之**「2000 行動研究～展望本土教育改革」學術研討會論文集**（頁 1009-1028），臺東市。

郭明郎（1999）。新修訂教育實習辦法與舊制之對比評析。**國民教育，39**（6），81-84。

張素貞（2009）。優質實習輔導教師遴選指標之建構。載於周愚文（主編），**傳承與飛躍：優質曼托手冊**（頁 6-24）。臺北市：國立臺灣師範大學。

梁瑞安（1998）。新修訂「高級中等以下學校及幼稚園教師資格檢定及教育實習辦法」的特色及問題評析。**人文及社會學科教學通訊，9**（4），114-138。

黃士嘉（1999）。**師範教育史論集**。臺南市：漢風。

黃元齡（1960）。改進師範教育的幾個實際問題。**臺灣教育輔導月刊，10**（**4**），6-8。

黃宏祿（2006）。專業輔導、經驗傳承、追求卓越。載於張惠博（主編），**95 年度卓越實習輔導教師教育實習輔導示例彙編**（頁 223-236）。臺北市：教育部。

湯維玲（1994）。我國現行實習教師制度。載於楊深坑、歐用生、王秋絨、湯維玲（合著），**各國實習教師制度比較**（頁 11-25）。臺北市：師大書苑。

楊洲松（2003）。修正「師資培育法」的檢視。**社會文化學報，16**，23-39。

楊深坑（1994）。文化意識與各國實習教師制度的發展背景。載於楊深坑、歐用生、王秋絨、湯維玲（合著），**各國實習教師制度比較**（頁 1-10）。臺北市：師大書苑。

楊深坑（2002）。從專業理念的新發展論我國師資培育法之修訂。**教育研究月刊，98**，79-90。

楊慧玲（2006）。**我國國民小學教育實習制度之研究**。臺北市立教育大學國民教育研究所碩士論文，未出版，臺北市。

臺灣省教育廳（1987）。臺灣教育發展史料彙編：**師範教育篇（下）**。臺中縣：臺灣省教育廳。

蔡明昌（1997）。我國師資培育法及其相關法令的邏輯分析。**中等教育，48**（**5**），100-106。

鄭婷云（2007）。**國小教育實習學校之理想型貌——實習學生的觀點**。國立臺北教育大學國民教育學系碩士論文，未出版，臺北市。

賴清標（2002）。我國中小學師資培育教育實習制度之反省。**現代教育論**

壇，**6**，339-342。

賴清標（2004）。師資培育開放十年回顧與前瞻。**教育資料與研究**，**58**，17-23。

薛梨真（1993）。**國民中小學實習教師任教狀況與實習輔導之研究**。國立高雄師範大學教育學系博士論文，未出版，高雄市。

薛梨真（1997）。國小實施新制實習制度的問題與因應。**高市文教**，**59**，62-65。

顏慶祥（2000）。臺灣地區新師資教育工作者——實習輔導教師制度之研究。**國立編譯館館刊**，**29**（**2**），269-292。

顏慶祥、湯維玲、王嫣惠（1998，4 月）。臺灣地區新制實習輔導教師的現況與問題。載於國立花蓮師範學院舉辦之**「特約實習學校的實習輔導理論與實務」學術研討會論文集**（頁 61-93），花蓮市。

蘇慕洵（2002）。**國民中學實習輔導教師之遴選及其輔導策略之研究**。國立中正大學教育學研究所碩士論文，未出版，嘉義縣。

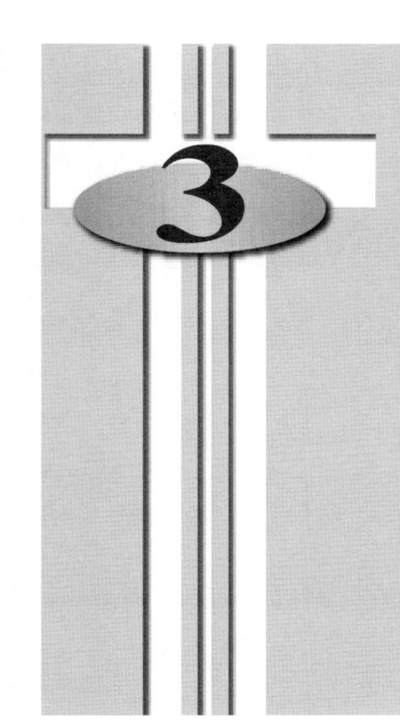

師資培育機構與地方教育輔導關係之發展

以臺中教育大學爲例

葉憲峻
國立臺中教育大學通識教育中心 助理教授

摘 要

我國師資培育機構與地方教育輔導之關係，源於民國十六年浙江省之試辦教育輔導制度。民國卅二年五月教育部具體頒佈「師範學校輔導地方教育辦法」，並指定各級師範學校的輔導區域。二次世界戰後，臺灣師資培育機構與地方教育輔導之關係，即延續此一法規與政策而展開。隨後各師資培育機構，陸續增設執行地方教育輔導之專責行政單位與輔導人員，辦理多元之指導性「定期地方教育教學輔導」、進修性「研習活動、輔導刊物」及聯誼性「體育競賽」。但自民國八十三年我國師資培育多元化以後，師資培育機構對於地方教育輔導之職權與職責產生變化，因而二者之關係逐漸由輔導轉為服務。基於各大學師資培育中心欠缺地方教育輔導專職組織與人力，建議地方教育輔導之職權宜歸屬各縣市教育局（處）之國民教育輔導團。而各大學師資培育中心則致力於與簽約實習學校，建立彼此提供學生實習、教育專業諮詢與進修服務之互惠伙伴關係。

關鍵字：師資培育、地方教育輔導

壹、前 言

長期以來，我國的師資培育機構，無論是閉鎖形的一元精神國防，或是民國八十三年以後之開放型多元儲備，教育部始終認為師資培育機構有地方教育輔導之責，因此師資培育機構在法令規範或評鑑制度下，乃與地方教育輔導建立起配對關係。有關我國師資培育機構辦理地方教育輔導工作之歷史，劉湘川（1996）、李然堯（2005）等曾為文介紹，不過仍未有探討二者關係之發展者。但觀察自民國八十三年我國師資培育多元化以後，師資培育機構對於地方教育輔導之職權與職責產生變化，因而二者之關係已由輔導轉為服務。正因為師資培育機構之職權轉變，導致師資培育機構在地方教育輔導工作上，或有無權著力、紮根之現象。這種現象在民國九十四年臺灣師範大學所舉辦地方教育輔導研討會之論文或專家學者座談中，曾多有討論。[1] 為解決此一困境，本文擬以臺中教育大學地方教育輔導歷史為例，記述我國師資培育機構與地方教育輔導關係之發展，期能面對實際，改變「師資培育機構對地方教育輔導」之舊有成見。

[1] 國立臺灣師範大學實習輔導處編，《地方教育輔導工作回顧與展望》（臺北市：臺灣師範大學，2005 年。）

貳、師資培育機構與地方教育輔導關係建立源起

我國各師範院校對於地方國民教育之輔導，源於民國十六年浙江省之試辦教育輔導制度。民國十九年第二次全國教育會議中，曾決議教育行政機構之視導工作應與師範學校之輔導工作齊頭並進。至於全國各師範院校實施地方教育輔導，則在民國廿八年教育部公布「各省市師範學校輔導地方教育辦法」之後，規定各師範學校對於區內地方教育機構，應該給予切實之輔導。[2] 而後，在民國卅二年五月教育部具體頒佈「師範學校輔導地方教育辦法」，在此辦法中指定各級師範學校的輔導區域；並規定各師範學校應設置「地方教育輔導委員會」，並「得設置地方教育指導員，進行指導教育實驗、舉辦專題討論、編輯鄉土教材、開辦假期講習與進修、發行進修刊物等」地方教育輔導任務。[3] 至此，我國師資培育機構與地方教育輔導，乃建立起輔導關係。

以上這些法令規章之頒佈時間，為中日戰爭時期，隨後國共內戰、政府遷臺，其在中國大陸實際執行過程與成效如何不得而知。但是二次世界戰後臺灣在民國八十三年師資培育未開放多元化以前，各師資培育機構所進行的地方教育輔導方式，大多不出其右。

[2] 臺灣省政府教育廳，《臺灣教育發展史料彙編 -- 教育行政篇（下）》（臺中市：臺灣省立臺中圖書館，1986 年），頁 1045。

[3] 教育部，《教育法規彙編（一）》（臺北市：教育部，1975 年），頁 551~553。

參、以「輔導區」作爲師資培育機構與地方教育輔導之媒介並賦予權責

民國卅四年十月國民政府接收臺灣，在歷經一年餘短暫軍政化的「臺灣行政長官公署」管理之後，民國卅六年五月十五日，「臺灣省政府」在臺灣發生「二二八事件」後，因應各方民主政治要求而成立。該年八月十四日臺灣省政府教育廳，即依據民國卅二年教育部所頒佈之「師範學校輔導地方教育辦法」，訂頒「臺灣省師範學校分區輔導地方教育辦法」，開啟臺灣以「輔導區」建立師資培育機構與地方教育輔導關係之媒介。以臺中教育大學之前身「臺中師範學校」為例，受教育廳分配輔導臺中縣、臺中市、南投縣、彰化縣等四縣市之地方教育機構。[4]

此後地方教育輔導辦法之修訂，要如民國四十一年三月卅一日臺灣省政府教育廳重新修訂「臺灣省師範學校輔導地方教育辦法」；民國七十一年二月廿六日教育部依據「師範教育法」，發佈「師範學校輔導中、小學校教育辦法」，師範院校「輔導區」之職責分配依舊。不過，師資培育機構並非空有「輔導區」之分配，而無執行單位、人員與職權之賦予。以下以臺中教育大學為例，分述民國卅六至九十年代，執行地方教育輔導之專責單位、專業人員，以及所辦理之地方教育輔導工作內容。

一、師資培育機構「地方教育輔導專責單位與指導員」之創設

基於以上民國卅六年八月臺灣省政府教育廳訂頒之輔導地方教育辦法，各師範院校基於輔導區之職責，紛紛創設地方教育輔導之專責單位

[4] 臺灣省政府教育廳，《臺灣教育發展史料彙編 -- 教育行政篇（下）》（臺中市：臺灣省立臺中圖書館，1986 年），頁 1048。

編制。以臺中教育大學之前身「臺中師範學校」為例，為了展開地方教育輔導工作，隨即於當年度在教務處設「輔導組」，並於民國卅八年二月起增設「地方教育指導員」四人，負責執行地方教育輔導工作。[5]

二、師資培育機構地方教育輔導專責單位與職權之擴增

（一）增加「國民教育輔導委員會」與職權

民國四十一年三月卅一日，臺灣省教育廳修訂「臺灣省師範學校輔導地方教育辦法」，同時亦頒佈「臺灣省師範學校地方教育輔導委員會組織規程」。此一組織規程賦予輔導委員會之任務為：「舉行專題討論會、指導教育實驗、設置地方教育通訊研究會、供給鄉土教材及其他補充教材、開辦或協辦假期講習會、發行教育進修刊物、舉辦展覽及競賽、推廣優良教育事蹟、舉辦示範教學及測驗統計等。」而且，這個輔導委員會除了需將輔導資料隨時提供給地方教育行政機關參酌辦理之外，每月月初尚需向教育廳填報前一個月的輔導月報表，學期末再彙報輔導工作經過及一般改進意見。[6] 依此組織規程之任務分配，臺中師範學校於民國四十四年八月於教務處原有「輔導組」外，再增設「研究組」，擴增地方教育輔導之行政執行單位。[7]

而從上述臺灣省政府教育廳賦予師資培育機構地方教育輔導委員會之任務與職權來看，除了提供教育專業知能外，尚作為代替教育廳視導各縣市教育機構。將地方教育輔導意見，傳達給地方教育主管當局，作

---

5 參見臺中教育大學人事室所存歷年教職員錄。

6 臺灣省政府教育廳，《臺灣教育發展史料彙編 -- 教育行政篇（下）》（臺中市：臺灣省立臺中圖書館，1986 年），頁 1051。

7 參見臺中教育大學人事室所存歷年教職員錄。

為施政之參酌辦理事項。由此可見，當時臺灣省政府所屬的師資培育機構，在辦理地方教育輔導工作上，具有相當大的職權。

（二）成立行政專責的「實習輔導室」、「實習輔導處」與提供專業服務的研究中心

民國五十八年十一月八日，臺灣省政府教育廳基於民國五十七年起推行九年國民教育之後，所需師資甚多，素質難以齊備，頓感地方教育輔導之重要性再增，乃為充實輔導組織體系起見，令頒「臺灣省師範專科學校設置實習輔導機構原則」。依此原則，以臺中師範專科學校為例，即於當年度正式規劃設置「實習輔導室」，下設實習、輔導、研究三組；同時為了提升地方教育輔導人員之素質，將地方教育指導員，改為具講師以上資格之專任輔導員（民國七十二年八月改稱輔導教師）。[8] 此一「實習輔導室」乃與教務、訓導、總務三處地位平行之一級行政單位；而該室之輔導、研究二組，乃專職於地方教育輔導之工作。

迨至民國八十四年八月，臺中師範學院之「實習輔導室」擴編為「實習輔導處」，下設實習、輔導、研究暨綜合業務等四組，且延續以往編制四位地方教育輔導教師。另外，至民國八十八年為止，臺中師範學院相繼增設各相關教育研究中心（如原住民教育研究中心、特殊教育研究中心、鄉土教育研究中心、環境教育研究中心 ...... 等），亦作為提供地方教育輔導專業服務之單位。

從以上歷史追述可知，要做好地方教育輔導工作，師資培育機構要有責任區，而且不但要有專責行政單位，還要有適當的輔導人員。其中

8　臺灣省政府教育廳，《臺灣教育發展史料彙編 -- 教育行政篇（下）》（臺中市：臺灣省立臺中圖書館，1986 年），頁 1054；另參見臺中教育大學人事室所存歷年教職員錄。

就以臺中師範學院時期所聘用之輔導教師為例，其同時具備講師以上資格與具有國民小學教學經驗，為聘用之必要條件，以利理論與教育輔導實務之結合。

三、師資培育機構地方教育輔導工作內容

基於地方教育輔導之職責，各師資培育機構所辦理之地方教育輔導工作之內容，除了個別性之諮詢服務與教育實驗計畫之外，整體性、經常性之活動，可區分為具指導性質之「定期地方教育教學輔導」；進修性質之「研習活動」、「發行教育輔導刊物」；聯誼性質之「輔導區體育競賽」。茲以臺中教育大學為例，說明其辦理情形如下。

（一）定期地方教育教學輔導

定期地方教育教學輔導，為歷年各師資培育機構地方教育輔導的主要工作之一。以臺中教育大學改制前為例，每一學期均選派地方教育指導員（專任輔導員、輔導教師）、其他相關專門知識領域教授，親往各國民小學進行學科教學輔導。此項教學輔導活動，自民國卅八年二月起增設地方教育指導員（專任輔導員、輔導教師）以來，均依輔導區四縣市各國民小學之需要，排定日程前往進行學科教學輔導。（參見：表 1 臺中師範學院 71 ～ 90 學年度定期地方教育輔導校數表）至於學科教學輔導的過程，大致為先由該校教師進行學科教學演示，而後由該名教師與全體觀摩人員，進行改進教學活動之討論。

迨至九十學年度起，因教育部於國民中小學推行「九年一貫課程」，學科教學為學習領域教學所取代。以臺中師範學院為例，乃自九十一學年度起停止辦理「定期地方教育教學輔導」，改為辦理輔導區四縣市所屬

國民教育輔導團輔導員之「九年一貫課程」相關研討會。這種轉變以「國民教育輔導團輔導員」為輔導對象之原因，除了迫切需要研習新課程之因素之外，主要原因還是在於師資培育多元化以後，「輔導區」之責任區概念與職權，對於師資培育機構而言，已轉趨薄弱。相對的，在師資培育機構「輔導區」概念與職權轉趨薄弱的同時，各縣市教育局（處）國民教育輔導團之職責因此而提升。所以，此種變化正也促使各縣市教育局（處），訂定「國民教育輔導團設置及運作要點」，使國民教育輔導團之組織法制化與地方教育輔導工作正常化。

表 1 臺中師範學院 71 ～ 90 學年度定期地方教育輔導校數表

學年度＼縣市	臺中市	臺中縣	彰化縣	南投縣	合計
71.1	10	33	46	34	123
71.2	10	37	45	32	124
72.1	10	34	41	3	118
72.2	10	33	42	33	118
73.1	11	37	41	33	122
73.2	5	34	41	34	114
74.1	7	26	41	33	107
74.2	8	33	42	33	116
75.1	8	37	19	18	82
75.2	10	33	42	37	122
76.1	2	17	23	12	54
76.2	10	19	42	33	104
77.1	12	22	35	32	101
77.2	22	33	35	32	122

續表 1

學年度＼縣市	臺中市	臺中縣	彰化縣	南投縣	合計
78.1	12	29	43	35	119
78.2	22	28	42	34	126
79.1	14	32	33	41	120
79.2	22	27	30	34	113
80.1	10	33	36	31	110
80.2	13	40	41	32	126
81.1	61	8	21	18	63
81.2	61	8	21	18	63
82.1	21	10	31	20	82
82.2	19	9	31	20	79
83.1	19	9	31	22	81
83.2	18	11	16	22	67
84.1	25	13	22	26	86
84.2	26	11	19	23	79
85.1	21	13	23	25	82
85.2	18	13	24	24	79
86.1	22	22	16	22	82
86.2	23	6	6	20	55
87.1	26	12	14	18	70
87.2	18	12	14	18	62
88.1	33	12	19	23	87
88.2	24	12	5	28	69
89.1	9	22	17	36	84
89.2	42	3	28	32	87

續表 1

學年度＼縣市	臺中市	臺中縣	彰化縣	南投縣	合計
90.1	20	14	18	50	102
90.2	1. 週三主題研討 33 校。 2. 九年一貫課程學科領域輔導 34 校。 3. 舊課程學科輔導 63 校。				130

資料來源：臺中教育大學存檔 71 ～ 90 學年度地方教育輔導會議手冊。

（二）研習活動

1. 中國化教育研習

二次世界戰後，民國卅四年十月中華民國政府接收臺灣，為配合當時臺灣「中國化教育」之進行，自民國卅六年起各師資培育機構，每年利用暑期持續辦理「校長、教師講習會」。此講習會著重中國語文、史地、三民主義之研習，特別是加強臺籍教師之國語、社會學科教學。民國卅八年八月以後，基於大陸政情不穩，特別再另以「四十歲以下之臺省籍教員」為對象，進行時勢講習。[9]

2. 課程與教學知能研習

民國六十四年國民小學課程標準修訂，為促使在職老師熟悉新課程標準各科教材內容，革新教學方法，有效運用教育，以提高教學效果，臺

[9] 二次世界戰後初期臺灣中小學教師調訓情形如下：1947 年選調 13065 名，1948 年選調 9727 名，1949 年選調 5373 名。1949 年時臺灣省計有 19000 名教師，可見每名教師均經調訓。參見：臺灣新生報，《臺灣十年》（臺北市：臺灣新生報，1955 年），頁 246-247；臺灣省政府教育廳，《十年來的臺灣教育》（臺北市：臺灣省政府教育廳，1955 年），頁 15；臺灣省政府教育廳，《臺灣教育發展史料彙編 – 教育行政篇》（臺中縣：臺灣省政府教育廳，1986 年），頁 755。

灣省政府教育廳要求各師資培育機構辦理新課程研習活動。以臺中教育大學所存檔案來看，此一研習活動持續至民國八十年；此後則著重於藝能科（音樂、美勞、體育）教材教法及民國八十二年再修訂課程標準之研習。而後，基於教育部規劃自九十學年度推行「九年一貫課程」，相關課程研習活動，遂自八十九學年度即展開。

除了一般地區之外，教育部亦自八十二學年度起，實施「發展與改進原住民教育五年計畫」，通函各師資培育機構配合辦理原住民族地區地方教育輔導活動。以臺中師範學院為例，即依據教育部 83.7.25 臺（83）師字第 040921 號函，自八十三學年度起持續辦理「山地小學教育巡迴輔導與研習」。此一原住民族地區學校有關國語、數學、自然學科之教學輔導活動，持續至九十學年度為止。（參見：表 2 臺中師範學院 71 ～ 91 學年度地方教育輔導研習活動表）

表 2 臺中師範學院 71 ～ 91 學年度地方教育輔導研習活動表

學年度	辦理研習項目
71	1. 國民小學課程標準研習 6 梯次 18 班，調訓國小教師 717 人。 2. 國民小學課程標準研習 4 梯次 12 班，調訓國小教師 464 人。
72	音樂科、美勞科教材教法研習。
73	1. 音樂科課程標準研習 6 班 240 人。 2. 體育科課程標準研習 5 班 200 人。 3. 美勞科課程標準研習 6 班 240 人。 4. 國小校長訓育研習 4 期 180 人。
74	1. 音樂科課程標準研習 6 班 240 人。 2. 體育科課程標準研習 5 班 200 人。 3. 美勞科課程標準研習 6 班 240 人。 （以上三類研習為寒假住校研習七天）

續表 2

學年度	辦理研習項目
75	1. 音樂科課程標準研習 5 班 200 人。 2. 體育科課程標準研習 4 班 160 人。 3. 美勞科課程標準研習 4 班 160 人。 4. 自然科課程標準研習 5 班 200 人。 5. 教務主任教學輔導研習 4 班 180 人。
76	1. 美勞科課程標準研習 2 班 80 人。 2. 自然科課程標準研習 2 班 80 人。 3. 教務主任教學輔導研習 2 班 90 人。
77	1. 國語科課程標準研習 6 班 240 人。 2. 自然科課程標準研習 2 班 80 人。 3. 輔導活動研習 2 班 80 人。 （以上三類研習為寒假住校研習）
78	1. 社會科試用課程研習 45 班 1800 人。 （上學期中每期三天，通勤研習） 2. 美勞科課程標準研習 6 班 240 人。（下學期）
79	社會科課程研習（上學期中辦理）
80	1. 社會科課程研習（上學期中辦理） 2. 藝能科（音樂、美勞、體育）教材教法研習。（寒假研習）
81	藝能科（音樂、美勞、體育）教材教法研習。（寒假研習）
82	藝能科（音樂、美勞、體育）教材教法研習。（寒假研習）
83	1. 藝能科（音樂、美勞、體育）教材教法研習。（寒假研習） 2. 山地國小教育輔導研習（數學、國語科教學研究；南投縣信義鄉各校 2 名教師參加）
84	1. 藝能科（音樂、美勞、體育）教材教法研習。（寒假研習） 2. 山地國小教育輔導研習四梯次（數學、國語科教學研究；南

續表 2

學年度	辦理研習項目
	投縣仁愛、信義鄉及臺中縣和平鄉各校教師參加）
85	1. 藝能科（音樂、美勞、體育）教材教法研習。（寒假研習） 2. 山地國小教育輔導研習五梯次（數學、國語科教學研究；南投縣仁愛、信義鄉、魚池鄉德化國小及臺中縣和平鄉、東勢鎮等各校教師參加）
86	1. 藝能科（音樂、美勞、體育）教材教法研習。（寒假研習） 2. 山地國小教育輔導研習五梯次（數學、自然科教學研究；南投縣仁愛、信義鄉、魚池鄉德化國小及臺中縣和平鄉、東勢鎮等各校教師參加）
87	1. 藝能科（音樂、美勞、體育）教材教法研習。（寒假研習） 2. 國民小學課程教學研討會（主題：九年一貫課程、小班教學、多元評量；共五場次）。 3. 山地國小教育輔導研習五梯次（數學、自然科教學研究；南投縣仁愛、信義鄉、魚池鄉德化國小及臺中縣和平鄉、東勢鎮等各校教師參加）
88	山地國小教育輔導研習四梯次（分行政、教學、研究三組進行專題研討；南投縣魚池、埔里、水里等鄉鎮各校主任、教師參加） * 藝能科教材教法研習因九二一地震停辦。
89	1. 九年一貫課程系列研討會八場次。 2. 原住民教師多元文化教育研習。
90	1. 九年一貫課程 — 學校經營系列研討會四梯次（每梯次三天） 2. 國民教育輔導團九年一貫課程輔導經驗交流研討會。 3. 山地國小教育輔導研習五梯次（主題為原住民文化認識與原住民地區教學研究；南投縣仁愛、信義鄉及臺中縣和平鄉、東勢鎮等各校主任、教師參加）

續表 2

學年度	辦理研習項目
91	1.「教學創新九年一貫課程」校長課程領導研習班八梯次（中部六縣市國小校長均參加，每梯次三天）。 2. 國民教育輔導團「教學創新九年一貫課程」七大領域之理論與實務研討會四梯次。 3. 國民教育輔導團「教學創新九年一貫課程」社會與數學學習領域實地教學觀摩研習會。 4. 九年一貫原住民地區國小藝術與人文領域教學創新研習會（南投縣仁愛鄉 15 所國小教師參加）
92	1. 國民教育輔導團「教學創新九年一貫課程」語文、綜合活動學習領域實地教學觀摩研習會。 2. 國民教育輔導團「教學創新九年一貫課程」藝術與人文、健康與體育學習領域實地教學觀摩研習會。 3. 國民教育輔導團「教學創新九年一貫課程」語文、自然與生活科技學習領域實地教學觀摩研習會。

資料來源：臺中教育大學存檔 71 ～ 90 學年度地方教育輔導會議手冊；91 ～ 92 學年度研習會手冊。

（三）發行教育輔導刊物

各師資培育機構為提供輔導區教師自我進修，先後均發行教育輔導刊物。以適用於國民小學教師之刊物而言，類如《國教新知》（市北師）、《國民教育》（國北師）、《國教世紀》（竹師）、《國教輔導》（中師）、《教師之友》（嘉師）、《國教之友》（南師）、《國教天地》（屏師）、《國教園地》（花師）、《國教之聲》（東師）等。以臺中教育大學為例，前身臺中師範專科學校於民國五十年九月廿八日創刊《國教輔導》雜誌。當時校長朱匯森先生於發刊詞中敘述：

>「常聽到國校教師述說：一位教師包辦了一班的教學，每班學生數多至六、七十人，作業多，管訓難，終日辛勤工作，哪還有多餘的時間和精力來進修？每月薪津收入甚少，仰事俯蓄已感捉襟見肘，哪還有多餘的錢去買書？」[10]

有鑑於此，發行教育輔導刊物之目的，在於介紹實用的教育理論與教學方法，提供作為教師進修之用；同時此一刊物在國內師資水準逐漸提升之後，也作為教師研究與發表教學心得之園地。民國九十五年以後，受到師資培育多元化影響，發行教育輔導刊物已不再是師資培育機構必要職責，上述地方教育輔導刊物乃相繼停刊；直至今日仍維持原有型態者，僅臺北市立教育大學之《國教新知》、國立臺北教育大學之《國民教育》等少數而已。

（四）舉辦輔導區體育競賽活動

舉辦競賽活動，亦是地方教育輔導之任務之一。以臺中教育大學為例，此項活動延續至今。為了讓中部地區各國民小學得以發表體育教學成果，並提倡體育活動促進學童身心健康，臺中師範專科學校自七十四學年度起開始辦理輔導區體育競賽活動。其中除了八十八學年度，因為九二一地震場地受損而停辦之外，每年均定期舉辦。在這些體育競賽活動中，除了前二年辦理體操、手球、國術表演之外，之後以辦理排球錦標賽為主，間亦增辦羽球錦標賽。尤其八十學年度以後除了學童組之外，另再增加教師組；八十一學年度以後，也增加行政人員組。民國九十三

[10] 朱匯森，〈發刊詞〉，《國教輔導》（臺中市：國教輔導月刊社，1961 年）創刊號，頁 2。

年臺中教育大學校友總會成立以後，這項中部地區學校間的球類活動，轉由校友會以服務校友為目的而贊助經費辦理。在校友會贊助辦理之下，競賽項目反而增加為羽球、手球、桌球、排球四項；原有競賽性質，也趨於聯誼性質傾向。[11]

肆、提供諮詢、進修服務之新關係

民國八十三年開放師資多元培育之後，原來各師資培育機構之「輔導區」已非其職責專屬。即使「師資培育法」第十五條訂定各師資培育之大學應辦理地方教育輔導工作；「師資培育法施行細則」第九條第二項也訂定中央主管機關得協調師資培育之大學共同劃定輔導區，辦理地方教育輔導工作。不過，從民國八十四年「師資培育法」頒佈後，即有資深地方教育輔導經驗之學者（吳清山,1997；高強華,1998），質疑各師資培育之大學是否有餘力辦理地方教育輔導工作？而從這些大學師資培育中心主管之行政心得（陳木金,2005），亦可瞭解以各大學師資培育中心之組織人力，要辦理多元的地方教育輔導工作並非易事。另外，自民國八十四年至民國九十四年，也可明顯看出要由教育部協調師資培育之大學共同劃定地方教育輔導輔導區，辦理工作亦有其整合難度。從教育部民國九十五年訂頒「師資培育之大學申請辦理地方教育輔導工作經費補助要點」，甚至民國九十九年十一月再對此經費補助要點修訂為對於一般大學之補助條件，限定「近六年師資培育中心評鑑或師資培育評鑑獲一等之師資培育之大學」，更可瞭解地方教育輔導工作，已非各師資培育機構之必要義務。

---

[11] 國立臺中教育大學校友總會，《中教大校友總會會刊》（臺中市：國立臺中教育大學校友總會，2010 年 12 月）第 7 期，頁 7。

從以上所述可知，開放師資多元培育之後，各師資培育機構與地方教育輔導之關係已大為改變。尤其「師資培育之大學申請辦理地方教育輔導工作經費補助要點」所補助辦理之「工作項目、範圍、方式」，已主導各師資培育機構朝向為地方教育提供「諮詢、進修服務」發展。依據教育部中教司於 99.6.11 發佈之新聞顯示，教育部期待各師資培育機構申請經費補助辦理之地方教育輔導工作事項如下：

（1）依據學校教師需求規劃辦理各領域（或學科）教學工作坊、研討會等多元研習活動；（2）針對輔導區內學校進行實地到校巡迴輔導，每週前往不同學校，直接與現場教師面對面，協助解決實務問題；（3）配合普通高級中學課程綱要修正及國民中小學九年一貫課程改革需要，邀集輔導區內教師共同合作研發典範教學示例，並藉由教學觀摩將優良範例擴大推廣使用；（4）針對原住民地區中小學教師需求規劃進修研習，並協助解決原住民地區的教育問題。[12]

從以上「實地到校巡迴輔導」、「研發與推廣典範教學示例」工作，亦顯示從師資培育多元化以前之「指導性」轉為提供諮詢、進修之「服務性」。另從教育部於民國九十九年九月十日首度聯合各師資培育之大學在國立彰化師範大學及其附屬高級工業學校，舉行「99 年度地方教育輔導成果發表會暨學科（領域）典範示例教學演示」，亦可見此一地方教育輔導工作之性質轉變。

以臺中教育大學為例，如前所述已自九十一學年度起停止辦理「定期地方教育教學輔導」，各學系學科專長教授轉而成為各縣市國民教育輔

[12] 教育部中教司網站
http://www.moe.gov.tw/PDA/news.aspx?news_sn=3550&pages=7&unit_sn=14

導團之諮詢顧問。[13] 以筆者擔任台中縣改制前近三年來社會學習領域國民教育輔導團諮詢顧問之經驗而言，主要之工作在於輔導團成員前往各校實地輔導前報告規劃作業時，定期提供諮詢意見。至於「實地到校巡迴輔導」，已改由國民教育輔導團負責。其實這種轉變，亦有助於地方教育主管機關監督與輔導之權責合而為一。

比較特殊的是，九十九學年度臺中教育大學向教育部申請執行「精緻師資培育機制實驗計畫」。藉由此計畫，由各相關學系與臺中市 13 所國民小學，組成師資培育與創新教學之策略聯盟，發展國語文、本土語言、英語、數學、自然與生活科技、社會、藝術與人文、健康與體育、綜合活動、資訊教育、幼兒教育與特殊教育等 12 個領域之課程教學研究。因此在民國一〇〇年二月至六月，即辦理 70 場教師知能研習、14 場專題演講、15 場教學經驗分享、8 場教學觀摩與 45 場焦點座談。[14] 這種策略聯盟，將使師資培育機構與地方學校，朝向互惠伙伴關係發展，進而達到確實能提升教育成效之境地。

---

[13] 以臺中縣為例，98.4.13 府教督字第 0980773289 號函，聘請 23 位教授擔任國民中小學各學習領域國民教育輔導團諮詢顧問，其中 9 位為臺中教育大學教授。

[14] 吳舜文，〈精緻師資培育機制地方教育輔導工作計畫〉，《臺中教育大學教師教育電子報》第 1 期（2011 年），http://192.83.167.156/~TEC/e_paper/e_paper_c.php?SID=10；吳舜文，〈99 年精緻師資培育計畫 - 地方教育輔導回顧與展望 (上)〉，《臺中教育大學教師教育電子報》第 3 期（2011 年），http://192.83.167.156/~TEC/e_paper/e_paper_c.php?SID=29

伍、結 論

從以上師資培育機構與地方教育輔導關係之發展可知，民國八十三年未開放師資培育多元化以前，各師資培育機構因為「輔導區」劃定之職責，「實習輔導處」專責行政單位之編制，以及「輔導教師」專業輔導人員之配置，得以務實推展地方教育輔導工作。然而，民國八十四年以後師資培育大學數量激增，「輔導區」之責任區概念轉趨薄弱，各大學師資培育中心欠缺地方教育輔導專職組織人力，明顯可見師資培育機構與地方教育輔導關係，已轉變為自行量力而為之服務性質。

有鑑於師資培育機構與地方教育輔導關係，已因為開放師資培育多元化而改變，地方教育輔導之職權宜歸屬各縣市教育局（處）之國民教育輔導團；再由國民教育輔導團基於輔導工作計畫所需，聘請各師資培育機構專家學者提供諮詢、進修服務。至於師資培育機構，基於組織人力與經費，則宜著重於與簽約實習學校，建立彼此提供學生實習、教育專業諮詢與進修服務之互惠伙伴關係。

參考文獻

朱匯森（1961）。發刊詞。**國教輔導，創刊號**，1。

吳清山（1997）。師資培育法及相關法規內容評析。**教育資料集刊，22**，97-118。

李然堯（2005）。師培機構辦理地方教育輔導工作的回顧與展望。載於國立臺灣師範大學實習輔導處主編，**地方教育輔導工作回顧與展望**（**1-12**）。臺北市：國立臺灣師範大學。

高強華（1998）。創造地方教育輔導的新境界。**中等教育，49**（4），46-55。

國立臺中教育大學校友總會（2010）。99年度工作紀要。**中教大校友總會會刊，7**，6-8。

教育部（1975）。**教育法規彙編（一）**。臺北市：教育部。

陳木金（2005）。發展以大學校院學校特色為主軸的地方教育輔導工作策略探討。載於國立臺灣師範大學實習輔導處主編，**地方教育輔導工作回顧與展望**（**1-12**）。臺北市：國立臺灣師範大學。

臺灣省政府教育廳（1955）。**十年來的臺灣教育**。臺北市：臺灣省政府教育廳。

臺灣省政府教育廳（1986）。**臺灣教育發展史料彙編 -- 教育行政篇（下）**。臺中市：臺灣省立臺中圖書館。

臺灣新生報（1955）。**臺灣十年**。臺北市：臺灣新生報。

劉湘川（1996）。地方教育輔導 工作之回顧與前瞻。**國教輔導，36**（**1**），2-6。

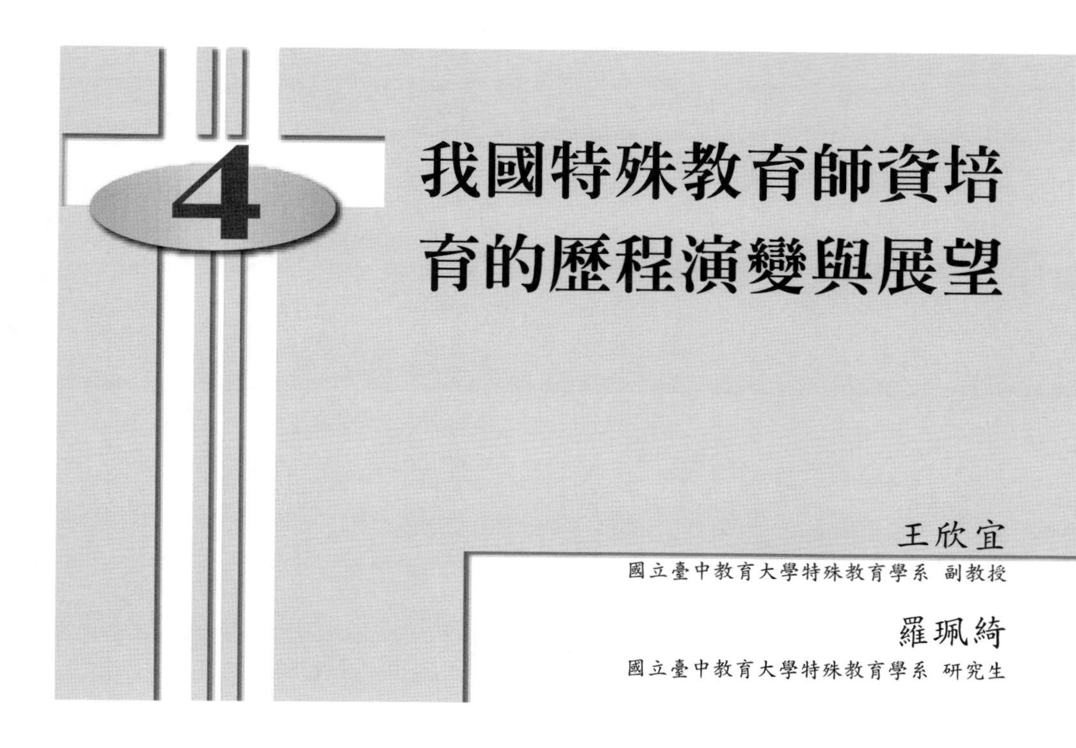

4 我國特殊教育師資培育的歷程演變與展望

王欣宜
國立臺中教育大學特殊教育學系 副教授

羅珮綺
國立臺中教育大學特殊教育學系 研究生

摘　要

臺灣第一所師範學校創設於西元 1895 年，但在民國 50 年代之前特殊教育的師資培育是處於無系統培育狀態，一直到民國 55 年開始才有調訓現職教師接受短期特教訓練的制度，其間經歷過約 50 年的演變，時至今日臺灣的特殊教育師資培育已大學化，由教育大學與師範大學負責主要培育的工作。文末根據特殊教育師資培育的演變歷程，提出相關的建議與展望。

關鍵字：特殊教育、教師教育、師資培育

壹、前 言

臺灣第一所師範學校是西元 1895 年創立的臺灣總督府國語學校（現臺北市立教育大學），目的在養成各地小學校、公學校教員、校長及國語傳習所之教員（林天祐，2000），但在臺灣到 20 世紀 50 年代以前的師範培育制度中，都沒有正式的特殊教育師資培育制度。

臺灣在 50 年代以後到 60 年代是採用調訓現職教師接受短期特殊教育專業訓練的方式培育特教師資，當時以訓練視障巡迴輔導教師與國小啟智班教師為主，例如自民國 55 年起，在五年制的師範專科學校開設特教學分班課程，臺南師專（現臺南大學）開設「臺灣省盲生就讀國校計畫師資訓練班」，民國 62 年後改稱「臺灣省視覺障礙兒童混合教育計畫師資訓練班」，提供在職普通班合格教師為期一學年和 43 學分之專業訓練；民國 59 年臺北師專（現國立臺北教育大學）開設「臺灣省智能不足兒童教育師資訓練班」，以培養國小啟智班師資，提供在職普通班合格教師一學期 24 學分的訓練；民國 70 年於嘉義師專設立「國民小學啟聰教育師資訓練班」，培訓國小啟聰教育師資，提供在職教師為期 16 周 20 學分之專業課程。各師範院校成立特殊教育中心後，相繼辦理 20 學分之特殊教育學分班，以培養資優、智能不足、啟聰、語障等類之師資。

民國 60 到 70 年代，臺灣的中等與初等階段特殊教育師資培育正式以「特殊教育組」或設系的方式培育，例如從民國 59 年起由師範專科學校於國教師資科開設盲童教育組、聾童教育組、生理障礙兒童組及智能不足兒童教育組等方式培育。民國 63 年，臺北師專設立「智能不足兒童教育組」；民國 62 年，臺南師專成立「盲童教育組」。從民國 76 年起，培育國小及學前特殊教育師資的五年制師範專學校改制為師範學院，並紛紛在初等教育學系之下成立「特殊教育組」或成立「特殊教育學系」，招收高中畢業生就讀，修業期滿授予學士學位。當時臺灣共有九所師範學院，分別為臺北市立師範學院（現臺北市立教育大學）、國立臺北師範學院（現臺北教育大學）、國立新竹師範學院（現新竹教育大學）、國立臺中師範學院（現臺中教育大學）、國立嘉義師範學院（現嘉義大學）、臺南師範學院（現臺南大學）、國立屏東師範學院（現屏東教育大學）、國立臺東師範學院（現臺東大學）、國立花蓮師範學院（現東華大學）。

中等教育階段的特教師資則從民國 64 年起由彰化教育學院（現彰化師範大學）開始設立特殊教育學系培育，當時除培養中等教育階段的特殊教師外，學生畢業後也可到國民小學及殘障福利機構任教。臺灣師範大學雖早在民國 63 年成立特殊教育中心，但在民國 75 年才成立「特殊教育學系」（毛連塭，1989；何東墀，1992；林育毅、王明泉，2008），高雄師範大學特殊教育學系則成立於民國 81 年，到此時臺灣地區的學前、小學及中學特殊教育師資培育全面進入由大學教育培育的階段。為提升特殊教育師資、培養特殊教育研究人才及提供特殊教育教師進修管道，彰化教育學院、臺灣師範大學及高雄師範大學分別在民國 74 年、75 年及 83 年成立特殊教育研究所。

臺灣省政府教育廳於民國 77 年暑期因感於當時國小師資嚴重缺乏，交由當時省立臺北師專研擬方案，於民國 77 年 3 月 14 日招考第一屆國小師資班（張玉豔，2003），招收大學畢業有志於從事國小教職者，修畢二十八學分，即可取得「偏遠或特殊地區教師證」的合格教師資格，之後各師院陸續開辦學士後師資班，補充缺乏之國小教師人力。在民國 83 年「師資培育法」通過後，除必須修滿 40 學分外，結業後必須實習一年，取得合格教師證書之後，才可參加各縣市地方政府教師甄試，通過甄試後始得任教於國民小學，以學士後特殊教育學分班方式培育之特殊教育教師亦根據該法取得任教資格。在「師資培育法」公佈實施後，最大的轉變在於由一元化、計畫性、分發制變為多元化、儲備制、甄選制，由公費培育修正為自費為主公費為輔，因此除上述之學士後特教師資班外，一般大學院校亦設立特教學系、特教學程，如中原大學特殊教育學系成立於民國 85 年，而中山醫學大學、長庚大學和臺北體育學院當時也設有特殊教育學程培養中等教育階段特殊教育教師。隨著臺灣高等教育改革的趨勢與變遷，臺灣的大學或學院歷經整併、升格，截至目前民國 99 年，中等特殊教育師資的正規培育是以臺灣師範大學、彰化師範大學、高雄師範大學為主，而小學及學前特教師培資育則以臺北教育大學、臺北市立臺北教育大學、新竹教育大學、臺中教育大學、屏東教育大學及嘉義大學、臺南大學、臺東大學與東華大學的特殊教育學系為主。

貳、特殊教育師職前課程內涵與任用制度

一、我國合格特殊教育教師應修習課程之內涵演變

我國對於特殊教育教師資格之規定，民國 64 年教育部頒佈的「特殊學校教師登記辦法」中，規定特殊教育教師的資格，除特殊教育本系組畢業外，必須具備合格普通教師資格，另外修習特殊教育科目 16 個學分以上者，才得申請登記，各類特殊教育教育教師應修的學分如表 1（教育部社會教育司，1983）。

表 1 民國 64 年規定特殊教育教師應修習之學分表

<table>
<tr><td colspan="3">共同必修：
特殊兒童心理與教育（3 學分）、特殊兒童教育診斷（3 學分）</td></tr>
<tr><td rowspan="5">分組必修科目</td><td>視覺障礙組</td><td>定向與行動（2 學分）、眼科學（2 學分）、視障兒童教材教法（4 學分）、教學實習（2 學分）</td></tr>
<tr><td>聽覺障礙組</td><td>語言溝通法（2 學分）、聽力學（2 學分）、聽障兒童教材教法（4 學分）、教學實習（2 學分）</td></tr>
<tr><td>肢體傷殘組</td><td>機能訓練（2 學分）、復健醫學（2 學分）、肢體傷殘兒童教材教法（4 學分）、教學實習（2 學分）</td></tr>
<tr><td>智能不足組</td><td>行為改變技術（2 學分）、智能不足研究（2 學分）、智能不足兒童教材教法（4 學分）、教學實習（2 學分）</td></tr>
<tr><td>資賦優異組</td><td>創造力與特殊才能（2 學分）、人格發展與輔導（2 學分）、資賦優異兒童教材教法（4 學分）、教學實習（2 學分）</td></tr>
</table>

資料來源：教育部社會教育司（1983，57 頁）

民國 76 年「特殊教育教師登記及專業人員進用辦法」重新規定特殊教育教師資格需修習特教教師專業學分 20 學分，同時也增訂了特殊教育相關專業人員的專業資格，例如心理諮商人員、語言訓練人員、定向行動人員、聽能訓練、職能訓練、運動機能訓練人員等（洪儷瑜、鈕文英，1995）。關於特殊教育的 20 學分，各組課程內容如表 2。

表 2 民國 76 年規定特殊教育教師應修習之學分表

共同必修： 特殊兒童心理與教育（3 學分）、特殊兒童教育診斷（3 學分）		
分組必修科目	視覺障礙組	定向與行動（2 學分）、眼科學（2 學分）、特殊教育教材教法（4 學分）、特殊教育教學實習（2 學分）、特殊教育專題研究（4 學分）
	聽覺障礙組	語言溝通法（2 學分）、聽力學（2 學分）、特殊教育教材教法（4 學分）、特殊教育教學實習（2 學分）、特殊教育專題研究（4 學分）
	肢體障礙組	機能訓練（2 學分）、復健醫學（2 學分）、特殊教育教材教法（4 學分）、特殊教育教學實習（2 學分）、特殊教育專題研究（4 學分）
	智能不足組	行為改變技術（2 學分）、智能不足研究（2 學分）、特殊教育教材教法（4 學分）、特殊教育教學實習（2 學分）、特殊教育專題研究（4 學分）
	一般能力優異組	創造力與特殊才能（2 學分）、人格發展與輔導（2 學分）、資賦優異教育教育教材教法（4 學分）、一般能力優異教學實習（2 學分）、資賦優異教育專題研究（4 學分）

資料來源：何東墀（1992，頁 18-20）

正規師範院校培育之特殊教育師資，從民國 64 年到民國 79 年間，期間課程共經歷了四次變革，第一次是民國 64 年，第二次是民國 66 年，第三次是民國 72 年，第四次是民國 79 年。從各次的修訂課程分析，特殊教育學系的課程內容領域共分為四大部分：一是師範院校共同必修，二是系必修，三是分組選修，四是一般選修，而系必修與分組選修的領域，除了特殊教育專門課程外，還包括四個領域，分別是教育學（如：教育研究法、心理與教育統計學、課程論）、心理學（如：發展心理學、人格心理學）、社會學（如：社會工作）與醫學（如人體生理學），何東墀（1992）曾將四次特殊教育師資培育課程改革的特殊教育學系必修專門課程、教育學、心理學、社會學、醫學之科目分類、學分數與百分比，分析如表3，顯示歷次改革中，特殊教育專業科目與教育學專業科目有逐漸增加之趨勢。

表3 民國64年至79年間課程修訂之必修專門課程及各領域之學分數及百分比

	特殊教育專業科目	教育學	心理學	社會學	醫　學	合計
第一次修訂學分數（%）	16（31.4%）	16（31.4%）	10（19.5%）	3（5.9%）	9（11.8%）	1（100%）
第二次修訂學分數（%）	23（54.8%）	8（19%）	6（14.3%）	2（4.8%）	3（7.1%）	42（100%）
第三次修訂學分數（%）	24（44.4%）	8（14.8%）	18（33.4%）	2（3.7%）	2（3.7%）	54（100%）
第四次修訂學分數（%）	27（52.9%）	12（23.5%）	8（15.8%）	2（3.9%）	2（3.9%）	51（100%）

資料來源：何東墀（1992，頁17）

民國83年2月「師資培育法」公佈施行後，於民國84年6月公佈「大學院校教育學程師資及設立標準」（陳伯璋，1996）。在「大學院校教育學程師資及設立標準」中特殊教育教師教育學程共40學分，其中包括一般教育專業科目10學分、特殊教育共同專業科目16至20學分以及特殊教育各類組（身心障礙或資賦優異）專業科目10至14學分，各組課程內容如表 4。

表 4 民國 84 年規定特殊教育教師應修習之學分表

<table>
<tr><td rowspan="2">特殊教育共同專業科目</td><td colspan="2">共同必修科目及學分：八學分
特殊教育導論（3 學分）、特殊兒童鑑定與評量（3 學分）、特殊教育教學設計（2 學分）</td></tr>
<tr><td colspan="2">選修科目及學分：八至十二學分
特殊教育教學策略（2 學分）、特殊教育課程發展（2 學分）、行為改變技術（2 學分）、特殊學生親職教育（2 學分）、語言發展與矯治（2 學分）、知覺動作訓練（2 學分）、資源教室經營（2 學分）、科技在特殊教育之應用（2 學分）、特殊教育行政與法規（2 學分）、人體生理學（2 學分）、社會工作（2 學分）、個案研究（2 學分）</td></tr>
<tr><td rowspan="7">特殊教育各類組專業科目</td><td>視覺障礙組</td><td>定向與行動（2 學分）、眼科學（2 學分）、點字學（2 學分）、定向與行動實習（2 學分）、視障教育工學（2 學分）、感覺與知覺（2 學分）</td></tr>
<tr><td>聽覺障礙組</td><td>聽能訓練（2 學分）、語言溝通法（2 學分）、溝通障礙學導論（2 學分）、聽力學（2 學分）、手語研究（2 學分）、說話訓練（2 學分）、感覺與知覺（2 學分）</td></tr>
<tr><td>肢體障礙組</td><td>復健醫學概論（2 學分）、機能教育（2 學分）、義肢裝具學（2 學分）、復健心理學（2 學分）、生活訓練（2 學分）、</td></tr>
<tr><td>智能障礙組</td><td>行為改變技術（2 學分）、生活訓練（學前或國小階段）（2 學分）、職業訓練（中等教育階段）（2 學分）、溝通技巧訓練（2 學分）、人體生理學（2 學分）、科技與輔助教學（2 學分）</td></tr>
<tr><td>語言障礙組</td><td>語言發展與矯治（2 學分）、語言病理與治療技術（2 學分）、語言病理與評量（2 學分）、語言學導論（2 學分）、語言溝通法（2 學分）、溝通輔具應用（2 學分）、溝通障礙學導論（2 學分）</td></tr>
<tr><td>學習障礙組</td><td>學習障礙導論（2 學分）、學習障礙與補救教學（2 學分）、學習障礙兒童教學策略（2 學分）、神經心理學（2 學分）、閱讀障礙（2 學分）、</td></tr>
<tr><td>性格或行為</td><td>偏差（異常）行為研究（2 學分）、行為改變技術（2 學分）、兒童（青</td></tr>
</table>

續表 4

特殊教育各類組專業科目	異常組	少年）精神醫學（2 學分）、社交技能訓練（2 學分）、諮商原理與實務（2 學分）
	自閉症組	自閉症語言溝通（2 學分）、偏差（異常）行為研究（2 學分）、自閉症研究（2 學分）
	多重障礙組	多重障礙研究（2 學分）、多重障礙溝通訓練（2 學分）、多重障礙生活訓練（2 學分）、多重障礙照護技巧（2 學分）
	一般能力優異組	資優學生心理輔導（2 學分）、領導才能訓練（2 學分）、創造力研究（2 學分）、人格發展與輔導（2 學分）、獨立研究指導（2 學分）
	特殊才能資賦優異組	音樂教育與音樂行為（2 學分）、音樂行為評量（2 學分）、學生音樂基礎能力訓練（2 學分）、美術發展與鑑賞的心理（2 學分）、美術製作與技能專題研究（2 學分）、美學（2 學分）、舞蹈創作論（2 學分）、舞蹈美學（2 學分）、舞蹈生理與解剖（2 學分）、舞蹈傷害（2 學分）、舞蹈創作論（2 學分）、營養學（2 學分）、動作與節奏（2 學分）、舞蹈編導（2 學分）、作品鑑賞與評論（2 學分）、創造力與特殊才能（2 學分）、動作分析（2 學分）、舞蹈研究法（2 學分）、特殊才能訓練（指導）法（2 學分）、特殊才能運動科學研究（2 學分）

資料來源：傅秀媚（2001，頁 138-143）

民國 92 年「大學校院教育學程師資及設立標準」修正發佈名稱為「大學設立育師資培育中心辦法」及全文共 15 條；並自 92 年 8 月 1 日起施行。教育部訂各類學程課程「特殊教育教師師資職前教育課程教育專業課程科目及學分」中規定，特殊教育教師教育學程共 40 學分，其中包括一般教育專業科目 10 學分、特殊教育共同專業科目 10 學分以及特殊教育各類組（身心障礙或資賦優異）專業科目 20 學分（教育部中等教育司，2003），各組課程內容如表 5。

從表 4 與表 5 的課程資料顯示，當時要成為一位合格的特殊教育教師，必須修畢至少 40 學分關於特殊教育的專業學分，而這樣的學分數要求也成為各正規特殊教育師資培育大學特殊教育學系的課程基本架構，確保了特殊教育教師的最低資格門檻。

表 5 民國 92 年規定特殊教育教師應修習之學分表

	共同必修科目及學分：10 學分 特殊教育導論（3 學分）、特殊教育學生評量（3 學分）、特殊教育教學實習（4 學分）	
資賦優異類	必修課程	必修十二學分 資優教育概論（2 學分）、資賦優異學生教材教法（4 學分） 以下至少九科選三科 創造力教育（2 學分）、領導才能教育（2 學分）、資優學生心理輔導（2 學分）、資優學生獨立研究指導（2 學分）、資優教育專題研究（2 學分）、數學資優教育（2 學分）、科學資優教育（2 學分）、語文資優教育（2 學分）、藝術才能優異教育（2 學分）
	選修課程	至少選修八學分 多元智能理論與應用（2 學分）、資優學生生涯輔導（2 學分）、資優學生個別化教育計畫（2 學分）、特殊族群資優教育（2 學分）、資優學生親職教育（2 學分）、高層思考訓練（2 學分）、資優教育模式（2 學分）、資源教室方案與經營（2 學分）、特殊教育行政與法規（2 學分）
身心障礙類	必修課程	必修十學分 個別化教育計畫的理念與實施（2 學分）、身心障礙學生教材教法（4 學分） 以下至少四科選二科 特殊教育論題與趨勢（2 學分）、行為改變技術（2 學分）、特殊兒童發展（2 學分）、親師合作與家庭支援（2 學分）

續表 5

身心障礙類	選修課程	至少選修十學分 資源教室方案與經營（2 學分）、專業合作與溝通（2 學分）、特殊教育行政與法規（2 學分）、科技在特殊教育之應用（2 學分）、特殊教育班級實務（2 學分）、特殊教育環境規劃（2 學分）、身心障礙學生生涯與轉銜（2 學分）、身心障礙學生職業教育（2 學分）、特殊教育學生兩性教育（2 學分）、個案研究（2 學分）、定向行動（2 學分）、視覺障礙（2 學分）、點字與視覺輔具（2 學分）、眼科學（2 學分）、視覺障礙學生教材教法（2 學分）、聽覺障礙（2 學分）、聽力學（2 學分）、語言溝通法（2 學分）、聽能與說話訓練（2 學分）、手語（2 學分）、聽覺障礙學生教材教法（2 學分）、智能障礙（2 學分）、生活技能訓練（2 學分）、適應體育（2 學分）、智能障礙學生教材教法（2 學分）、重度與多重障礙（2 學分）、重度與多重障礙學生教材教法（2 學分）、兒童認知與學習概論（2 學分）、學習障礙（2 學分）、學習困難與補救策略（2 學分）、溝通障礙（2 學分）、語言發展與矯治（2 學分）、溝通訓練（2 學分）、溝通輔具應用（2 學分）、早期介入概論（2 學分）、學前特教學生教材教法（2 學分）、情緒障礙（2 學分）、社會技能訓練（2 學分）、嚴重問題行為處理（2 學分）、自閉症（2 學分）、自閉症學生教學策略（2 學分）

資料來源：教育部中等教育司（2003）

二、我國合格特殊教育教師聘任用之演變

關於修畢職前課程後之教育實習與教師資格之取得，民國 83 年以前師資培育為公費制度，中小學教師採派任制，由縣市政府依規定派往學校服務。但在民國 84 年教師法制定公布後，高級中等以下學校教師均採

聘任制，由學校組織教師評審委員會審查，教評會之成員包含教師代表、學校行政人員代表及家長會代表。持有教師證書者，可參加各縣市聯合甄選或各縣市自辦教師甄試，通過筆試、口試和試教階段後，由校長就公開甄選合格人員中，提請教師評審委員會審查通過後聘任。民國 84 年教育部依「師資培育法」及「教師法」之公佈規定「高級中學以下學校之教師採檢定制」，其「資格之檢定分初檢及複檢二階段行之，初檢合格者發給實習教師證書；複檢合格者發給教師證書」。教師資格檢定分為初檢、實習及複檢三階段：初檢以檢覈方式辦理，修完師資職前教育課程者向主管教育行政機關繳交學歷證件即可辦理。之後實習教師應在同一教育實習機構實習一年，實習期間得發給每月 8,000 元實習津貼。複檢工作則授權地方主管教育行政機關，成立縣市教師複檢委員會辦理。凡取得實習教師證書，且經教育實習成績及格者，均可申請參加複檢。複檢方式採證照新制稱為檢定考，規定如「高級中等以下學校及幼稚園教師資格檢定辦法」；成績合格者，則由教育部統一頒發合格教師證書。師資之實習與資格檢定辦法由教育部定之；教師合格證書由教育部統一頒發（師資培育統計年報，2005；林佳靜，2008；吳清山，2003）。

民國 91 年 6 月 20 日「師資培育法修正案」審查通過，因應師資培育管道多元化，為使師資培育素質維持應有水準，於 91 年 7 月 24 日修正公布「師資培育法」，在教師檢定制度及方式加以調整。教育實習納入師資培育課程之教育專業課程中，列為師資職前教育的一環，將一年的師資培育實習改為半年，並取消實習津貼，且師資培育機構依法向學生收取相當於四學分之教育實習輔導費。在取得師資職前教育證明書後，必須通過教師資格檢定考試，才能取得教師證書。教師資格檢定由形式上的檢定（書面文件檢覈），轉向實質上的資格檢定 (以考試為之)。並於 94 年 4 月 9 日舉行了第一次教師檢定考試，特殊教育學校（班）考試科目共四科：國語文基本能力、教育原理與制度、特殊教育課程與教學、特殊學生評量與輔導，每科滿分 100 分；及格標準需四科平均成績達 60 分、沒有一科零分、且至少三科分數達到 50 分（師培統計年報，2005；許文松，2009；吳清山，2003；楊朝祥，2007）。關於民國 83 年「師資培育法」公布後與 92 年修訂後的新舊實習制度內容與過程比較如表 6 與圖 1。

民國 83 年師資培育法通過施行後，師資培育走向多元化，所培育且核證之師資人員的就職現況，其中領有正式特殊教育教師證書者共有 9,779 人，在職教師人數為 6,758 人，占該領域師資人員的 78.45%，整體而言特殊教育師資類科的在職比例為最高（師資培育統計年報，2009）。

表 6 師資培育職前教育課程相異比較

比較項目	83 年制定的師資培育法	92 年修正的師資培育法
大學修業四年	四年	四年
實習階段	畢業後	師資職前教育課程修業完成前
實習時間	一年（7 月到隔年 6 月）	半年（一學期）
實習身分	實習老師	實習之師資生
實習津貼	由教育部編列每月八千元	無，並需依各校規定繳交學分費
教師資格取得方式	實習成績複檢及格	檢定考試及格
適用對象	92 年 8 月 1 日已修讀教育學程、教育學分班或正在實習者	92 年 8 月起修讀教育學程、教育學分班學員及 92 學年度起入學的大一新生

資料來源：師資培育統計年報（2005，頁 17）

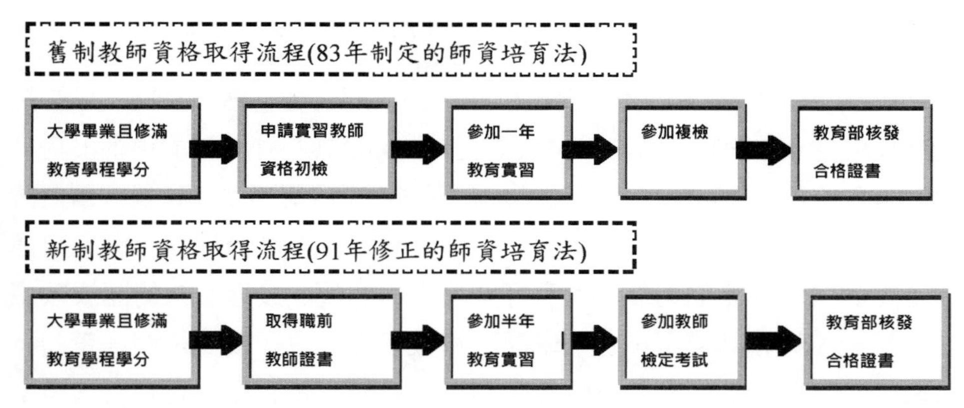

圖 1 新舊實習制度流程比較圖

資料來源：出自師資培育統計年報（2008，頁 4）

參、我國特教師資培育的展望

一、特教師培的規定課程對教學能力影響

根據民國 64 年、79 年、84 年與 92 年的課程演變中可知，已從分組別修習成為不分組別培育身心障礙類師資，但課程類別大多集中於特殊教育專業、普通教育學分、心理學、社會學及醫學等領域，特殊教育教師是否有教導專門學科（如語文、數學）等的能力，特別是在小學及學前師資培育的部分是值得探究的，尤其是教育部研擬公布新的特殊教育課程綱要（盧台華，2009）中有許多普通教育的專門課程，必須思考是在現行特殊教育師資培育課程架構下，特教老師，尤其是特殊班及特殊學校的教師是否能勝任九年一貫課程中各領域的教學？

二、特殊教育專業展現與維持是特教師資培育成功與否的關鍵

民國 77 年因應教師荒，開設學士後特教師資班，進行為期一年的短期課程培養。培育教師對象以小教為主，為偏遠或特殊地區的孩童服務，教師來自於各大學院系所的菁英，具有不同面向的專業知識背景，價值觀迥異，和單一的師範薰陶環境大不相同，同時也使得校園文化和行政運作上受到某種程度的衝擊。隨著師資培育的開放，接踵而來的開放政策包括學士後特教師資班、各大學開設特教學程，這些接受短期培育的特教教師和接受正統師範體系的教師相較下教學品質和能力是否有落差？這是過去特教師資培育思考的重點。

目前的臺灣特教教師任用的情況是隨著大量的師資培育，教師需求從不足到飽和，到現今的過剩，學士後師資班從減招到零名額，而各特教學程也紛紛關閉，目前僅剩正規的師資培育機制。在現今教職一缺難求、競爭激烈的狀況下，社會對教師一職普遍有著「存優汰劣」的期待，如何提昇特教教師的專業能力和素養才是最重要的，尤其是社會大眾對於特教教學品質要求與日遽增，如何培養優質之特殊教育教師，包括從接受職前教育之學生來源與素質，整體課程規劃與培養過程、教學實習之落實教師的在職進修與教師教學素養保證，都是在培育與維持特教師資過程中，相關師資培育機構應該著重之處。

三、公費與自費的正規培育演變，影響特教教師素質

民國 83 年前依「師範教育法」之規定，師資培育為公費制，畢業後由教育行政機關分發實習及服務。師資培育採計劃性，年度規劃需要之師資數予以分發。民國 83 年後在「師資培育法」規定中有了重大改變，原本師資培養是以公費為主，該法公布後，師資培育改為儲備制，以自費生為主，公費生以就讀師資類科不足之學系或畢業後自願至偏遠或特

殊地區學校服務學生為原則。民國 91 年，政府將此條文略加修正，公費生除了在就學期間義務輔導學習弱勢、經濟弱勢或區域弱勢學生課業外，畢業後應至偏遠或特殊地區學校服務。公費制度立意良善，除了可吸引人才，一方面也能減輕弱勢家庭學費壓力，同時公費生至偏遠或特殊地區學校服務，也能在人力運用上發揮更大的效益。培育公費生核定名額由民國 83 至 88 年間平均約為 2000 人，因應少子化的趨勢和過度培育師資競爭激烈等問題，公費生核定名額逐年銳減，至民國 98 年減至 52 人（師培統計年報，2009；許文松，2009）。公費生的減少，加上教職難覓，師資培育相較過去，難以吸引優秀人才就讀，未來可思考如何透過競爭型公費制度或獎學金制度吸引優秀人才成為特教師資，或有相關協助或輔導優秀師資生擔任教職之機制，未來或可成為吸引優秀學生來源及維持高素質之特教教師之誘因。

我國的特殊教育師資培育從民國 50 年代起，歷經近 50 年的演變，由師範院校時代成為開放培育，因為少子化的影響，造成教師一缺難求，目前培育特教教師的主要單位又回到各師培大學，從歷史演變而言，整體特殊教育師資培育制度並無任何周延的思考統整，演變至今首要面對問題為師資過剩及師資素質之優劣的影響，未來希冀中央成立師資培育與規劃專責單位後，能進行長期之思考、研究與規劃，為特教教師培育展開新的里程碑。

參考文獻

毛連塭（1989）。**特殊教育行政**。臺北：五南。

何東墀（1992）。**我國特殊教育師資培育與進修管道之研究**。臺北：教育部教育研究委員會。

吳清山（2003）。師資培育法 - 現在、過去與未來。**教育研究月刊，105**，27-43。

林天祐（2000）。**臺灣教育探源**。臺北：國立編譯館。

林育毅、王明泉（2008）。**從美國「IDEA2004 高合格教師」看我國特教師資的培**。

林佳靜（2008）。新制教師資格檢定制度之探討。**國教之友，60（3）**，35-37。

洪儷瑜、鈕文英（1995）。特殊教育教師師資培育與進修制度之檢討。**行政院教育改革審議委員會委託專案報告**。臺北市：作者。

張玉艷（2003）。**學士後教育學分班結業現職國小教師之工作價值觀及參與校務之相關研究**。國立屏東師範學院國民教育研究所碩士論文，未出版。

教育部（2005）。**中華民國師資培育統計年報**。臺北：教育部。

教育部（2008）。**中華民國師資培育統計年報**。臺北：教育部。

教育部（2009）。**中華民國師資培育統計年報**。臺北：教育部。

教育部中等教育司（2003）。**特殊教育教師師資職前教育課程教育專業課程科目及學分**。2010 年 11 月 29 日取自：http://www.edu.tw/high-school/content.aspx?site_content_sn=8449

教育部社會教育司（1983）。**七十一年度特殊教育研討會報告**。臺北：教育部。

許文松（2009）。臺灣中小學師資培育的現況及因應策略。**銘傳教育電子期刊，創刊號**，102–113。

陳伯璋（1996）。師範校院之定位發展與教育學程設置之檢討。**教改通訊，17/18**，12-18。

傅秀媚（2001）。**特殊幼兒教育診斷**。臺北：五南。

楊朝祥（2007）。教育學程先考再讀，違反師資培育法的精神。**國政分析，教文（析）090-004 號**。2010 年 11 月 29 日取自：http://www.npf.org.tw/post/3/1404

盧台華（2009）。**特殊教育課程共同發展原則及課程綱要總綱全國說明會**。2010 年 11 月 18 日取自 http://www.ntnu.edu.tw/spc/drlusp/document.html。

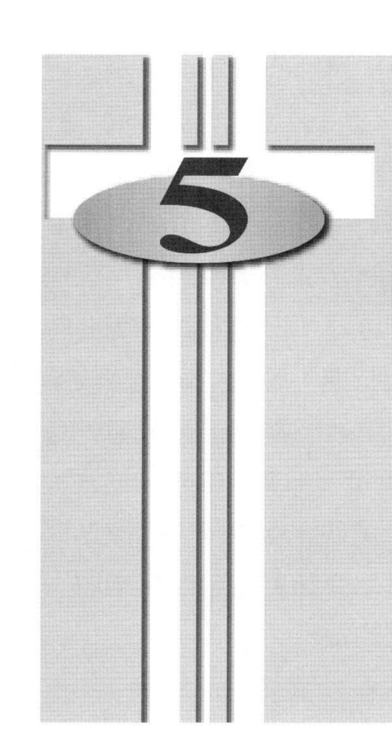

從中國大陸師資培育最新趨勢省思臺灣師資培育問題

顏佩如
國立臺中教育大學教育學系 副教授
黃雅鈴
國立臺中教育大學教育學系課程與教學碩士班 研究生

摘 要

本研究主要在探討我國自 1932 年以後師資培育的變革，並藉由中國大陸 1978 年改革開放後以及 2000 年以後的師資培育發展最新趨勢，來探討我國師資培育的問題。本研究之研究目的為：探討我國 1932 年後師資培育之發展與問題、中國大陸 1978 年改革開放後師資培育的發展、2000 年後中國師資培育趨勢之理念與議題及中國 2000 年後師資培育趨勢對我國的啟示。本研究方法以文獻分析為主，實地參訪與田野調查為輔，與相關中國大陸學者進行交流與討論以提升本研究效度，並以兩國互惠互重，尊重被研究者的意願以維護研究倫理。

本文首先探討我國與大陸地區師資培育最新趨勢的緣起與背景，爾後分析我國 1932 年後師資培育之發展與問題，從 1932 年 -1993 年「計畫、標準及專業導向時期」與 1994 年 -2010 年訂「多元化、半專業化導向時期」兩大時期，來回顧臺灣師資培育的發展，並提出 2000 年以後臺灣師資培育在社會、政策、課程架構、新進教師甄選、學校教師、師培生等各層面面臨之問題。第三，以 1978 年 -1999 年「計畫和標準導向時期」與 2000 年 -2010 年「專業導向時期」兩大時期，論述中國大陸改革開放後師資培育的發展，並提出中國大陸中小學教師在職進修教育、免費教育師範生模式、特崗教師制度、農村教師制度、4+2 教師教育模式，來闡釋中國大陸師資培育 2000 年後最新趨勢。第四，從中國大陸改革開放後師資培育的發展，分析 2000 年後中國師資培育趨勢之理念與議題，最後，根據中國 2000 年後師資培育趨勢對我國的啟示。

關鍵字：4+2 教師教育模式、中國大陸、免費師範生教育、
師資培育／教師教育、師資培育政策

壹、緒 論

本研究將從1932年確立我國師範學制之地位的《師範學校法》及之後的師資培育發展進行探討，並將1994年的《師資培育法》作為師資培育制度之分水嶺。從1932年《師範學校法》至1979年《師範教育法》培育的單位也只侷限在各師範院校，教師是採用公費分發的方式。1994年《師資培育法》公佈施行後，政府在各大學廣開師資培育中心，培育了許多不同背景的教師，而教師的公費分發制度也漸漸的被教師甄試取代。2002年更修改《師資培育法》，將原本一年的實習制度縮減為半年，並增加教師資格檢定制度。

反觀中國在1978年改革開放後也進行師資培育的改革，逐步提高教師的社會地位、薪資、及教師專業能力。1978年至1999年期間中國大陸教師教育為「計畫和標準導向時期」、2000年以後則為「專業導向時期」，2000年是中國大陸師資培育的分水嶺，中國政府逐漸將他們的師資培育轉向以學科專業為主，並非常重視城鄉差距的問題，因此，有「農村教師」及「特崗教師」等名詞的產生。

1994年由臺灣民間所發起的「410教改運動」之後，行政院邀請李遠哲博士召集成立「教育改革審議委員會」，凝聚各方教改共識提出「教育改革總諮議報告書」，自此我國的師資培育邁入新的紀元。在《師資培育法》制度實施的若干年後，臺灣政府將師資培育開放從過去的「計畫導向」轉變為「自由市場導向」，從將師資培育視為「國家建設與公共財」轉向「傾向消費產業、市場經濟與教育資本化」，從「國家有計畫的培育」導向「開放市場競爭」，實為因應當時政治思潮的解放與轉移民眾對於政治開放與鬆綁的強烈訴求，卻沒有考慮到未來臺灣少子化的趨向，造成今日教師供過於求與「流浪教師」問題，師資培育無法再吸引國家頂尖人才投入，學生選讀教育相關科系的意願降低，就讀師範院校學生的素質無法提高，師範院校及師培中心也面臨轉型及停辦的問題。

本研究採跨國經驗的分析主要是因為國內目前針對師資培育的研究多偏向於多元師資培育的政策及制度方面，研究方法多為文獻探討及問卷調查，鮮少以藉由其他國家之師資培育制度及發展，來省思我國師資培育開放後所面臨的問題（吳奇榮，2006、紀金山，2001、賴怡真，2006、吳育哲，2000、黃萌勤，2001、施育芳，1998、馮聖宗，1996），而中國大陸自改革開放後的進步以及國情與文化與我國相似，因此希望藉由探討中國師資培育多元化的發展與最新趨勢，進而對臺灣師資培育面臨的問題進行省思。

本研究目的在探討我國 1949 年後師資培育之發展與問題、中國大陸改革開放後師資培育的發展與趨勢、中國大陸 2000 年後中國師資培育趨勢之理念與議題及中國大陸 2000 年後中國師資培育趨勢提供我國的啟示。本研究方法以文獻分析為主，實地參訪與田野調查為輔，並與相關中國大陸學者進行交流與討論，以提升本研究效度，並以兩國互惠互重，尊重被研究者的意願以維護研究倫理。本研究所探討之中國大陸師資培育發展趨勢，不包含港澳地區。

貳、探討我國 1932 年後師資培育之發展與問題

一、臺灣師資培育的發展與回顧

(一)「計畫、標準及專業導向時期」-1932 年 -1993 年，師範學校法、

師範教育法頒佈

1932 年國民政府頒布《師範學校法》確立了我國師範制度的地位，由政府辦理師範教育。當時師範教育之學位等同於中學而單獨設立，採取公費制度，畢業後由政府分發至地方，視為「計畫」階段。而臺灣被日本殖民 50 餘年，在師範教育方面則受到日本嚴加控制。1945 年後臺灣光復，至此時期的師範教育以積極培養中小學教育的師資為主。1950 年政府頒布《戡亂建國教育實施綱要》，以「師資第一，師範為先」為教育工作的核心目標。1960 年（民國 49 年）政府針對師範教育改制為三年制師範專科學校，招收高中高職畢業生在校修業 2 年，畢業後實習 1 年。1963 年在陸續改制為的師範專科學校，招收初中畢業之學生，視為「標準」階段。

1975 年政府召開行政院教育會議，改進師範教育之決議共計五項：1. 確定師範教育政策；2. 健全師範教育制度；3. 充實師範院校內容；4. 調節師資供需平衡；5. 師範生公費應予提高。1979 年行政院根據現代師範教育理論及其他國家培養師資培育之優點，擬定《師範教育法》草案並將《師範學校法》廢止，《師範教育法》於 1979 年 11 月 21 日明令公佈實行。自此我國師範教育有了法源的依據，師資培育以公費為主，培育師資的單位在各師範院校，自此我國的師資培育制度已包含「計畫」、「標準」及「專業」。

（二）「多元化、半專業化導向時期」— 1994 年 -2010 年，訂定師資培育法

政府於 1994 年將原本的《師範教育法》修改為《師資培育法》，此乃現今師資培育使用之法源依據。《師資培育法》開放師資培育之單位，

由原先師範院校擴大為各大學院校合法開設之教育學程或師資培育中心，且學生不再全為公費生，而自費生也不再進行分發。我國之師資培訓自此由一元化轉為「多元化」，開啟臺灣師範教育的新紀元。

2002 年為適應師資多元化之需要，立法院通過《師資培育法》修正條文，主要改變了：1. 原規定師培生修畢職前課程後需實習一年，有實習津貼可領取，將此修正為實習半年，維持學生身分，無津貼；2. 當師培生如期完成一年實習後，即可取得合格教師資格，修正後之師培生必須參加資格檢定，及格後才可取得合格教師資格。3. 師資培育生的教育專業課程訓練，也由原本大學 4 年的培育加上一年的實習，改為修滿 40 學分的教育學程及半年的實習即可，故我國的師資培育便有了「半專業」的聲音出現。

2004 年教育部訂定《師資培育數量規劃方案》，減少師資培育數量並建置「教師供需評估機制」，希望能使我國教師過量的問題得以改善。2009 年教育部頒布《中小學教師素質提升方案》，從師資培育、教師進用、教師專業、教師退撫及獎優汰劣等 5 大層面進行規劃整合，此時我國從 1994 年以前的「計畫」、「標準」及「專業」階段轉向 1994 年以後的「多元化、半專業化導向時期」。

二、2000 年以後臺灣師資培育面臨之問題

（一）在社會層面，偏遠鄉鎮地區的教師流動率過高、城鄉差距太大，影響學生教育機會均等之權利

臺灣偏遠地區的學校都有留不住教師的情形，影響最大的還是正在接受教育的學童。政府從八十五年度教育優先區計畫補助指標及補助項目對照表中，僅提出興建教師宿舍之方案。在教育資源的分配上也非常

的不平均，北部往往優於南部、西部往往優於東部，城市更是遠優於偏遠鄉鎮地區。

（二）在政策層面，自1994年開放師資培育多元化後，國內形成一股流浪教師潮

我國師資培育之政策自從1949年國民政府撤退來臺後至現今2010年，歷經幾次重大的變革，其中又以1994年的《師資培育法》作為我國師資培育的分水嶺。在師資培育政策開放後，學生可以接觸到更多不同背景的老師，但是政府卻沒有及時控管教師養成的數量。近年來少子化問題日益嚴重，當師資供過於求時，便有很多合格的教師無法就業形成流浪教師，政府雖然在2004年制定《師資培育數量規劃方案》，希望能夠減少師資培育的數量，但效果顯然不大。

（三）在課程架構層面，教育專業課程及學校實務實習被大量縮減，學生專業程度受到質疑

目前國小教育是屬於包班制，教師所教授的科目包含各個領域，但是師培課程卻只將各科教材教法納入選修，造成學生在學科教材教法這方面的能力嚴重不足。而在九年一貫課程實施後，又強調國小教師英語及資訊的能力，這也是在師資培育過程中被忽略的地方。再者，將師資培育生畢業後一年實習縮短為半年，也會面臨到實習專業不足的困擾。

（四）在教師甄選層面，以筆試、試教作爲主要的甄選依據，忽略教師愛與奉獻等人格特質因素

教師專業包括專業奉獻態度與人格特質，尤其是教師的教學投入態度、教師的愛心、耐心等遠比筆試成績更為重要。但是我國目前的教師

甄試還是以筆試、試教成績作為主，而且筆試的成績佔有很大的影響，形成偏重背誦與記憶的筆試教育，無法在短暫的時間內選出真正適合的人選。

（五）在學校教師層面，缺乏輪休進修等制度化機制，教師易對教學產生倦怠

國小的教學環境是單純且封閉，教師每天除了必須面對教學外，更多的時間是在處理十分瑣碎的事情。而日復一日的重複這些煩雜的事務，缺乏輪休進修等制度化機制，教師容易產生倦怠感，影響教師教學的品質及學生受教的權利。

（六）在師培學生層面，學生選讀意願低落，無法留住優秀人才進行師資培育

從歷年來各師範院校大學分發錄取成績可以發現，師範學院科系的錄取分數有逐年下降的趨勢，原因在於目前師資過剩與就業困難，即使學生對教育有興趣，也會因為畢業後的出路而做其他科系的選擇。即使有學生選讀了教育相關科系，也會因為對於這個職業的定向及定位不明確而放棄學習。

參、中國大陸 1978 年改革開放後師資培育的發展

一、中國大陸 1978 年後改革開放後師資培育之發展與回顧

西元 1978 年中國教育部頒發《關於加強和發展師範教育的意見》，強

調師範教育的重要性，並逐步恢復了研究生招生、設立重點高等學校、教育的國際交流等制度等。自此中國大陸之師範教育進入一個開放改革的時代。中國師資教育改革開放已超過30年，在教師教育的管理上則經歷了計畫為導向、標準為導向和專業為導向的教師教育院校管理發展過程。本文將中國大陸改革開放後師資培育之發展分成計畫和標準導向和專業導向兩個時期進行回顧。

（一）計畫和標準導向時期，1978年-1999年－獨立體系之教師教育

在改革開放初期，為改變文革時期教師地位低落嚴重影響基礎教育之質量及提昇教師素質，故回復獨立的教師教育體系要求各地辦好和興建若干所四年制的大學師範學院。1980年教育部發佈《關於進一步加強中小學在職教師培訓工作的意見》針對中小學教師培訓和進修提出了七點要求：（1）制定和調整中小學在職教師培訓規劃；（2）充分發揮各級教師進修院校、師範院校和各級教學研究室（部）的作用；（3）逐步實行全國統一的教學計畫；（4）建立健全的在職教師進修考核制度；（5）改善教師進修院校的辦學條件；（6）結合培訓工作，調整部份中小學教師的工作；（7）加強教師訓練工作的的領導。1982年《中華人民共和國憲法》公佈實行九年義務教育，為奠定中國基礎教育之根本，又可稱之為「計畫」導向時期。

1985年中央做出了《關於教育體制改革的決定》，將基礎教育下放給地方，逐步實施九年義務教育（顏佩如，2010）、撤銷教育部，成立國家教育委員會、要求學校改變以往「黨委負責制」，逐步實施校長負責制，此後中央地方分級管理各階段教育。1986年頒佈《義務教育法》，明確規定義務教育的性質、入學年齡、學制、經費、師資，及不同地區完成九年制義務教育的步驟和方針，並於1986年正式施行。

1991 年國家教育委員會發布《關於開展小學教師繼續教育的意見》強調教師繼續教育之重要性，並提出骨幹教師之說法。1992 年中央及國務院提出《中國教育改革和發展綱要》，規定了各級各類教育體制改革的具體方向，並將「全面貫徹教育方針，全面提高教育質量」作為根本的要求和目標。出此之外並將「教師隊伍建設」單列一章，凸顯教師的地位和作用（朱旭東、胡艷，2009；顏佩如，2010）。

1993 年國家教育委員會印發了《關於加強小學骨幹教師培訓工作的意見》提出了小學骨幹教師應具備的要求：(1) 良好的師德修養、正確的教育思想；(2) 教師具較高的文化素養及自學能力 (3) 有較強的教學改革意識及教育研究能力。1999 年教育部頒發《中小學教師繼續教育規定》，明確指出繼續教育是中小學教師的權利和義務，並建立繼續教育考核和成績等制度。因為制定了大量的法規來規範教師教育，故又可稱之為標準時期。在 1978 年到 1999 年這個時期，中國強調的是教師地位的提升以及教師教育的規章的建立，又可稱之為「標準」導向時期，其中又以教師繼續教育及骨幹教師最為受到重視。

(二) 專業導向時期，2000 年 -2010 年－多元化之教師教育

2000 年中國政府頒布《教師資格條例》，規定中國公民在各級各類學校和其他教育機構中專門從事教育教學工作，應當具備教師資格。此規定有利於提昇教師專業的水準，確保教師隊伍的質量。但有鑒於中國大陸教師資格證書的頒發採用的是以學歷認定為主，考試認定為輔的制度，學者也建議在學歷認定的基礎上，全面體現考試公平性，在重視知識的基礎上，必須關注教育專業性（王毓珣、王穎，2008）。2001 年頒布《關於開展基礎教育新課程師資培訓工作的通知》提出新課程師資培訓工作

的主要任務是:（1）組織廣大教師認真學習《基礎教育課程改革綱要（試行）》，瞭解新課程改革背景，重點學習新一輪課程改革的指導思想、教育觀念、改革目標以及相關的政策措施等，增強實施新課程的自覺性和責任感;（2）組織廣大教師認真學習和研究相關學科的課程標準，不斷提高教師的專業化水準;（3）組織廣大教師認真學習和研究所教課程的新編教材，逐步提高教師駕馭教材的能力，使教師能基本勝任新課程的教學工作（中華人民共和國教育部，2001）。

2003 年頒布《教育部關於實施全國教師教育網路聯盟計畫的指導意見》，以教育資訊化帶動教師教育現代化，實現不同地區、不同層次的中小學教師共用優質教育資源，全面提高教師教育品質水準;大規模、高品質、高效率地開展全國中小學教師學歷提升教育、非學歷培訓和教師資格認證課程培訓;大幅度提升全國中小學教師隊伍素質。2006 年起實施「國家級培訓專案」,「國培計畫」專案辦下設「中小學骨幹教師培訓」、「中小學教師遠端培訓」和「知行中國 — 中小學班主任教師培訓」三個子專案執行辦。組織全國有實踐經驗、有水準的師資力量組織培訓，建立專案首席專家制。突出培訓針對性，堅持理論實踐結合，強調按需施訓、量身定制。創新培訓模式，採用集中培訓、遠端培訓、對口支援、送教上門等多種形式組織實施培訓（中華人民共和國教育部，2010a）。

2006 年頒布《教育部辦公廳關於做好 2006 年為農村學校培養教育碩士師資工作的通知》，中國為解決農村師資力量薄弱問題，創新農村教師培養和補充機制，提高農村教師師資水準而實施的。同年又頒布《關於實施農村義務教育階段學校教師特設崗位計畫的通知》、《教育部關於大力推進城鎮教師支援農村教育工作的意見》，前者是教育部、財政部等聯合啟動實施農村義務教育階段學校教師特設崗位計畫（簡稱「特崗計畫」），由中央財政支持，公開招聘高校畢業生到農村學校任教。這項計畫旨在探索創新農村教師補充機制，加強農村教師補充，提升農村學校師資水準（鄔躍，2010）。後者則是鼓勵大中城市骨幹教師到基礎薄弱學校任教或兼職，中小城市（鎮）學校教師以各種方式到農村缺編學校任教，加強農村和薄弱學校師資建設。

2007 年頒布《國務院辦公廳轉發教育部等部門關於教育部直屬師範大學師範生免費教育實施辦法（試行）的通知》，以師範生免費教育為契機，紛紛出臺措施大力加強農村教師隊伍建設。2009 年頒布《國務院辦公廳關於加強普通高等學校畢業生就業工作的通知》，針對特崗教師提出以下幾點計畫：一、深入實施「特崗計畫」，鼓勵引導高校畢業生到農村學校任教；二、提前做好服務期滿特崗教師的工作安排；三、採取有力措施，創新教師補充機制，建設高素質教師隊伍；四、履行職責、密切配合、相互支持，做好「特崗計畫」實施工作；五、加強「特崗計畫」宣傳，形成良好的環境氣氛。

2010 年頒布《關於做好 2010 年『農村學校教育碩士師資培養計畫』實施工作的通知》與特崗計畫結合實施，從具有推薦免試碩士研究生資格的高校中，選拔部分優秀應屆普通大學畢業生，錄取為「碩師計畫」研究生，並與地方政府教育行政部門簽約聘為編制內正式教師。在縣鎮及以下農村學校任教，服務期三年，並在職學習研究生課程。第四年，到培養學校脫產集中學習一年，畢業時獲碩士研究生畢業證書和教育碩士專業學位證書（中華人民共和國教育部，2009）。

中國大陸之教師教育在 2000 年以後至力於提升教師專業素質，故可界定為「專業」導向時期，並注意到中國城鄉差距的問題。除了延續中小學教師繼續教育之外，更強調提升農村及偏遠地區教師的培訓，並以「特崗計畫」是中國大陸教師教育的重點項目。

二、中國大陸師資培育 2000 年後趨勢

大體來說，中國大陸 2000 年後之教師教育以發展教師專業為主。目前正再實施之師資培育模式有：免費師範生教育模式、輔修師範專業模式、非師範學生寬口徑可自主選擇修讀師範專業課程模式、中小學教師繼續教育模式及 4+2 教師教育模式（又稱「4+2 的教育學碩士培養模式」）等，而針對我國師資培育較具參考性的模式由以下幾點作說明：

（一）中小學教師在職進修教育

1999 年中國教育部頒布《中小學教師繼續教育規定》，明令指出中小學教師有權利及義務參加在職進修教育，並須堅持因地制宜、分類指導、案需施教及學用結合的原則，並預計在 2010 年前後，將部份地區的小學及初中教師提升至專科及大學的層次。2003 年中國教育部實施《全國教師網絡聯盟計劃》，其主旨為：為推進中國教師教育改革創新，集成中國教師教育的優質網絡教育資源，大規模、大幅度提升教師隊伍整體素質，實現教師教育跨越式發展，並為中國遠程教育的發展和建構終身學習體系提供示範（丁新，2004），在培育的原則上主要以每五年為一個培訓週期，並由國務院教育行政部門管理全國中小學負責繼續教育之工作（朱旭東、胡艷，2009）。

（二）免費教育師範生模式

2006 年 8 月 22 日中國教育學會會長、北京師範大學顧明遠教授建議實施「師範生免費教育」，把培養目標落到為西部基礎教育服務，以解決中西部地區、農村地區優秀教師短缺現象比較嚴重（薛嵐，2007）。中國大陸則在 2007 年重新恢復中止了 10 年的「師範生免費教育」。由北京師範大學、華東師範大學、東北師範大學、華中師範大學、陝西師範大學

和西南大學這六所教育部直屬師範大學實行師範生免費教育。計劃招生1050人，主要向中西部14省份招收免費教育師範生，入學後直接進入大學13個專業學習。錄取的學生能夠免除其學費、住宿費並能獲得生活費的補助，並須簽定允諾畢業後從事中小學教育十年以上之協議。有意願到城鎮學校工作之畢業生，必須先到農村義務教育學校任教2年才可轉調。其主要特色為：（1）公費培養；（2）提前招生；（3）精心培養；（4）保障就業；（5）繼續教育（管培俊，2009）。

（三）特崗教師制度／農村教師制度

國務院1999年頒佈的《關於深化教育改革全面推進素質教育的決定》，明確提出各地要制訂政策，鼓勵大中城市骨幹教師到基礎薄弱學校任教或兼職，中小城市（鎮）學校教師以各種方式到農村缺編學校任教，加強農村和薄弱學校教師隊伍建設（胡伶，2009）。中國教育部以《2003-2007年教育振興行動計劃》和《中華民族教預工作會議精神》為依據，結合貧困地區中小學教師綜合素質培訓工作，全面推動素質教育以及農村教育的改革和發展。2006年頒布《教育部辦公廳關於做好2006年為農村學校培養教育碩士師資工作的通知》，主要通過實行推薦免試攻讀教育碩士研究生等優惠政策，鼓勵吸引一批優秀的大學應屆大學畢業生到國家和省級貧困縣的農村學校任教，提供全民全上班時間的教育與課後照顧，同年又頒布《關於實施農村義務教育階段學校教師特設崗位計畫的通知》。

此外，中國實施教師網聯計畫結合教師教育體系、衛星電視、網際網路、及其他教育資源的整合，有效運用現代科技進行同步教育。除此之外，中國政府積極改善農村教師經濟及社會地位。在物質層面，提高農村教師工資待遇，改善農村教師生活和工作條件；在精神方面，關心農村教師生活問題，幫助其解決後顧之憂（胡伶，2009）。中國政府在 2010 年將「特崗計畫」及「碩師計畫」研究生在錄取「碩師計劃」的同時也能應聘為「特崗教師」。

（四）「4 ＋ 2」教師教育模式

也可稱之為學士後教師培養模式。主要目的是為瞭解決優秀師資短缺的問題，以提升優秀師範生的總量。將師範生的學制從四年延長到六年，用四年時間學專業，用兩年時間專門學教育，其中一年學知識，一年實踐，非師範專業生可以在第三學年下學期，經申請並通過考核進入『4+2』教師教育模式，四年大學專業學習，兩年的教師教育的碩士學位的學習，取得相應的證書，進入教師就業市場（韓震，2007；周華婷，2007b）。

北京師範大學在 2001 年首先嘗試此培養模式，在大學的前三年與其他學生一起按照綜合大學的教學計畫進行，三年級下學期則選出對從事教師職業有興趣的優秀學生進入「4+2」教師教育模式的培育計畫（顏佩如，2010）。四年級則是進行碩士銜接課程，並繼續完成原本的專業教育，五年級則進入教育學院學習，專攻教育學碩士學位，畢業後則至重點學校擔任教師。中國教育部直屬的 6 所師範大學都已經開始嘗試「4+2」教師教育模式分段方式，並已逐漸成為師資培育之最新趨勢。

肆、中國大陸 2000 年後中國師資培育趨勢之理念與議題

筆者根據中國大陸改革開放後之師資培育政策，呈現出師資培育一元到多元化、特崗教師制度 / 農村教師制度、中小學教師繼續教育、免

費師範生教育、從規範走向專業等議題與理念，從這些議題與理念思考臺灣師資培育所面臨之問題：

一、從特崗教師／農村教師之理念，由政府提出配套措施解決臺灣流浪教師問題

為解決都市教師與農村教師分佈不平均以及提升農村教師的水準，中國教育部、財政部等聯合啟動實施農村義務教育階段學校教師特設崗位計畫（簡稱「特崗計畫」），由中央財政支持，公開招聘高校畢業生到農村學校任教。除此之外並鼓勵大量城市骨幹教師到基礎薄弱學校任教或兼職，中小城市（鎮）學校教師以各種方式到農村缺編學校任教，加強農村和薄弱學校教師隊伍建設，提供全民全上班時間的教育與課後照顧。

從這個政策可以發現，中國政府在面對教師分配不平均的問題時，會提出一些解決的辦法，例如鼓勵城市教師到農村任教等，並沒有放任這個問題。而臺灣的政府在面臨教師沒有學校可以教時，卻將問題完全丟給教育的自由市場經濟，造成流浪教師的問題越來越嚴重。政府若能積極建立配套措施，例如：國民義務教育向下延伸一年、減少班級學生人數、加強學生課後照顧或課後輔導等，來增加教師名額的編制，才有可能解決這個問題。

二、制訂中小學教師在職進修制度，降低教師對於教學產生的倦怠

中國為了改善在改革開放初期所充斥的不合格教師，希望能藉由教師的在職進修，改善中小學教師文化素質偏低之狀況。原則上每五年為一個培訓週期，主要內容包括：思想政治教育和師德修養、專業知識及

更新與擴展、現代教育理論與實踐、教育科學研究、教育教學技能訓練和現代教育技術、現代科技與人文社會科學知識等（朱旭東、胡艷，2009）。

目前臺灣並沒有將教師的在職進修納入法制規範內，但隨著教師對於教學產生倦怠、教師地位日漸低落、及師資培育的半專業化影響，造成許多不適任的教師。若能夠將在職進修變成教師職業的一部份，讓教師能定期換個環境改變一下自己的心態、不斷充實自己，必定能夠提升教學的品質。

三、以免費師範生教育之理念，提高學生選讀意願，增加弱勢族群學生提升自我的機會

中國政府以「優才導向」及「農村導向」為主要根據，將培養目標落實到「西部基礎教育」的服務，以解決中國中西部地區及農村地區優秀教師嚴重短缺的現象。此外實行公費制度，將師資培育視為「國家之公共財」與「國家投資的產業」，重視「計畫」、「標準」與「專業」的特質，此制度除了可以提高優秀學生選讀的意願外，也可增加弱勢族群的學生學習機會與平衡城鄉教育差異。

四、「4+2」教師教育模式，給予學生明確的定向及定位，並提升學生的教育專業程度

中國實施「4+2」教師教育模式主要為提升師資學歷之水準，培養具備有碩士學歷的高素質教師，為教師教育多元化的改革。在教師教育方面，先讀學科學位，之後再接受師資培育，並加著重在學科專業的學習。學生在選擇就讀時，就講求就業的定向與定位，故學生在專業投入與自我教師身份認同上更加確認，這是臺灣目前師資培育最缺乏的部份，我

國若能夠仿效「培育與就業」、「大學學院理論與中小學實踐實務」、「專業、實踐與進修」等緊密連結模式，便能提升師資專業與士氣，提升我國教師專業發展能力。

伍、見賢思齊－中國 2000 年後師資培育最新趨勢對我國的啓示

一、師資培育員額需計畫調控，且提高師資培育生就職之機會

目前我國師資培育的問題在於師資培育政策開放後，少子化現象影響學校教師供過於求，直接影響到師資培育生的權利，也間接影響各師範院校的發展。從中國大陸的師資培育經驗來反省我國現階段的問題，研究者認為政府應該緊密連結「培育與就業」模式、增加公費生名額的比例，計畫調控師資培育員額以提高教師甄試的錄取率，讓師培生對未來有明確的定向及定位，以吸引優秀學生投入國家教師的行列。

二、積極縮小教育的城鄉差距，重視弱勢族群的教育發展

我國雖然流浪教師過多，但是偏遠的鄉鎮地區教師的流動率還是很高，故可以參考中國大陸之「特崗計畫」及「農村教師」等理念，藉由簽約的方式使偏遠地區的師資更穩定和豐富，並規劃將過量師資投入偏鄉與弱勢族群的提早教育、課後輔導與補救教育。

三、將教師在職進修有系統納入師資培育範疇內，永續提昇教師之專業能力

中國大陸在 2000 年以前就十分重視教師的繼續教育，甚至納入相關法規內，反觀我國在教師專業這方面，卻是散彈打鳥、零星鬆散的調訓研修，教師容易產生倦怠感，此外，40 學分的師資培育是相當不足的，故政府應該有系統的將教師在職進修納入師資訓練，加強「專業、實踐與進修」三者間的緊密連結。

四、提供全上班時間的教育與課後照顧，並立法規範教育產業教師資格合格化

我國今日有過量的師資員額是全民納稅努力的成果，因此必須將這些充沛的師資資源回饋給全民，我國今日中小學教育部分無法全上班時間托育與照顧，造成雙薪教養問題，因此，我們必須善用超額師資，提供全民全時的教育與課後照顧，並立法規範教育相關產業教師合格化，以提升教育相關產業的師資素質。

五、延長師資培育年限與專業化訓練時間，並增進師培生實際教學的經驗

當中國大陸延長師資培育年限與專業化訓練的同時，我國的師資培育則是減少師培學分為 40 學分且將實習縮減為半年，縮減師培生「大學學院理論與中小學實踐實務」，相形之下形成師培生教育專業理論與教學的實際經驗嚴重不足，使教育專業陷入學術簡化與非專業的窠臼，造成教師數量的浮濫與教師地位的低落，因此，我國必須研議延長師培生師資培育年限、專業化訓練以及實際的教學經驗，以增進今日多元社會與國際競爭下師資的能力。

參考文獻

丁新（2004）。**中國實施「全國教師教育網絡聯盟計劃」的理論與實踐**。澳門「2004 年兩岸遠程教育學術研討會」專題學術報告。上網時間 2010 年 9 月 14 日。取自網址 http://www.360doc.com/content/10/0913/20/3345626_53413204.shtml

中國教育部（2010a）。**師範生免費教育**。中國教育部網站。上網時間 2010 年 5 月 10 日，取自網址 http://www.moe.edu.cn/edoas/website18/level3.jsp?tablename=1248329688151833&infoid=1248522036946190

中華人民共和國教育部（2000）。**《教師資格條例》實施辦法**。上網時間 2010 年 6 月 8 日。取自網址 http://www.moe.gov.cn/edoas/website18/77/info15477.h

中華人民共和國教育部（2001）。**關於開展基礎教育新課程師資培訓工作的通知**。 上網時間 2010 年 6 月 10 日。取自網址 http://www.moe.gov.cn/edoas/website18/00/info12100.htm

中華人民共和國教育部（2003）。**教育部關於實施全國教師教育網路聯盟計畫的指導意見**。上網時間 2010 年 6 月 8 日。取自網址 http://www.moe.gov.cn/edoas/website18/68/info13468.htm

中華人民共和國教育部（2009a）。**推進教師網聯計畫深化教師教育改革**。上網時間 2010 年 6 月 8 日。取自網址 http://www.moe.edu.cn/edoas/website18/55/info1246937687116655.htm

中華民國比較教育學會、中華民國師範教育學會（1992）：**國際比較師範教育學會研討會論文集**（上）。臺北縣：師大書苑。

中華民國師範教育學會（2002）：**師資培育的政策與檢討**。臺北市：學富文化。

朱旭東、胡艷（2009）：**中國教育改革 30 年**。北京：北京師範大學出版社。

周洪宇（2007）。華中師范大學教授周洪宇 - 聚焦師範生免費教育：**中止 10 年後被重新恢復**。大江網。上網時間 2010 年 5 月 10 日，取自網址 http://newsbig5.jxnews.com.cn/system/2007/03/28/002456059.shtml#

胡伶（2008）。城鎮教師支援農村教育政策研究 — 基於公共選擇理論的視角。**教育發展研究，22，44-47 頁**。

師資培育發展促進會（1999）：**師資培育法之檢討與修定**。臺北市：五南。

淩嘉蓮（2007）。**我國師範大學轉型競爭策略之研究**。國立成功大學教育研究所碩士論文，臺南，未出版。

管培俊（2009）。以師範生免費教育為契機，推進教師教育創新－管培俊司長在第五屆地方師範大學聯席會上的講話。**教師教育研究，21（2），1-6 頁**。

薛嵐（2007）。聚焦師範生免費教育：**中止 10 年後被重新恢復**。大江網。上網時間 2010 年 5 月 10 日，取自網址 http://newsbig5.jxnews.com.cn/system/2007/03/28/002456059.shtml#

鍾秉林（2007）。北師大校長鍾秉林 - 聚焦師範生免費教育：**中止 10 年後被重新恢復**。大江網。上網時間 2010 年 5 月 10 日，取自網址 http://newsbig5.jxnews.com.cn/system/2007/03/28/002456059.shtml#

韓震（2007）。引自教育部介紹部屬師範生免費教育情況 (實錄) 。北方網（2007-05-18）。上網時間 2010 年 5 月 10 日，取自網址 http://news.big5.enorth.com.cn/system/2007/05/18/001667251_04.shtml

顏佩如（2010）。中國改革開放後「初中教育問題」研究。國立臺中教育大學國際事務暨研究發展處 11 月 19(五)、20 日 (六) 主辦之「**2010 臺灣教育學術研討會」論文集，頁**？。臺灣：國立臺中教育大學。

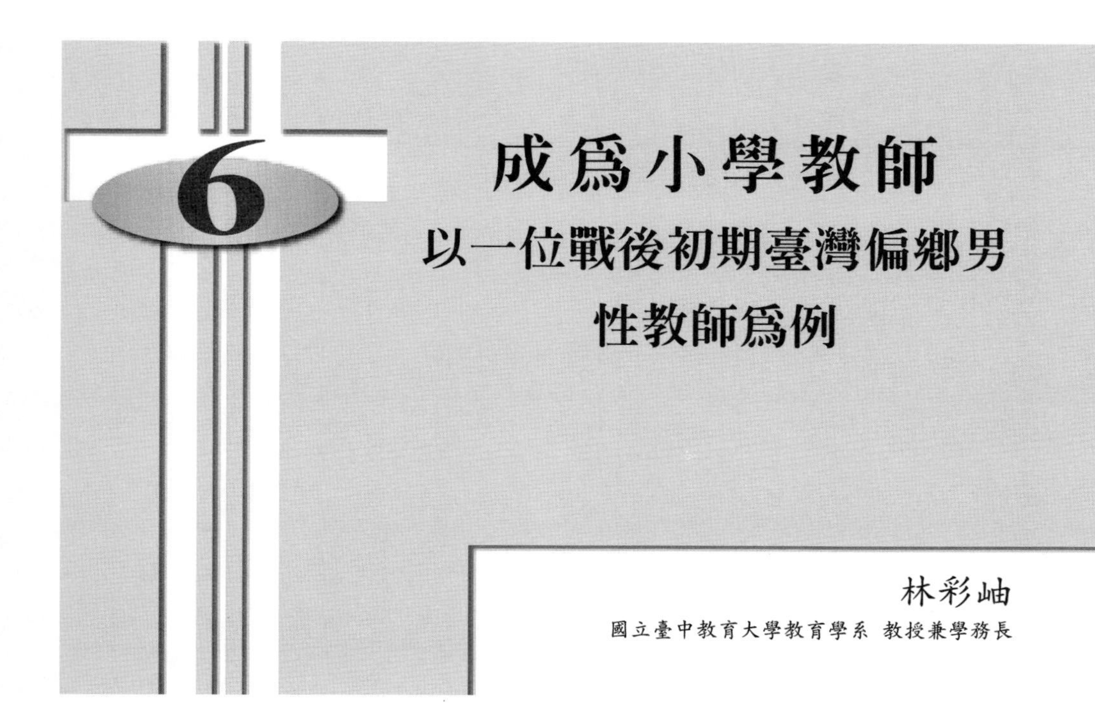

6 成爲小學教師 以一位戰後初期臺灣偏鄉男性教師爲例

林彩岫
國立臺中教育大學教育學系 教授兼學務長

摘 要

本研究的主要目的在於透過文獻探討，從中西歷史的觀點、教師的原生家庭之社會經濟背景以及性別與專業的關係三方面來探討教師的地位。從歷史的觀點來探討教師與「窮」、「女性」、「成績優秀」三個概念，彼此是否必然有連帶關係存在？其次，以中寮鄉永平村吳校長的生平經歷，探討以上三種刻板印象不同的研究對象之受教過程（個人教育史），以了解其為何成為教師？男性成為教師後會如何發揮其影響力？最後，將其受教過程置於所處時空的脈絡，以彰顯研究個案之個殊意義，並且豐富我國小學教師教育歷史探討的內涵。

關鍵字：偏鄉、男性教師、教師生活史

壹、前 言

一般對早期經由師範院校走入教師這一行者的刻板印象，是「窮」、以及「成績優秀」。然而，對於「不窮」以及「成績差強人意」者，是怎麼進入教師這一行的？若再加入性別因素，是什麼樣的歷史脈絡因素，促使「不窮」、「成績差強人意」的「男性」成為教師？等議題，值得探討。本研究的主要目的即在即在透過文獻探討，從歷史的觀點來看待教師與「窮」、「女性」、「成績優秀」三個概念，彼此是否必然有連帶關係存在？其次，探討與以上刻板印象不同的研究對象之受教過程（個人教育史），以了解其為何成為教師？男性成為教師後會如何發揮其影響力？最後，將其受教過程置於所處時空的脈絡來探討，除了彰顯研究個案之個殊意義外，並豐富我國小學教師教育歷史探討的內涵。

貳、文獻探討

本部分分別從中西歷史的觀點、教師的原生家庭之社會經濟背景以及性別與專業的關係三方面來探討教師的地位。

一、教師地位：歷史的回顧

教師這一行，誕生得很早，早期對教師之定義寬鬆，有「教」之行為者，即稱為老師。此一門職業，不同的時空背景有不同的評價與工作內容。

翻開中國教育史教科書（王鳳喈，1951；徐宗林和周愚文，1997），談及初民社會除了父教子外，舉凡有巢氏教人蓋房子、神農氏教人農作、燧人氏教人鑽木取火、伏羲氏教人狩獵都可稱為「師」外，作者也幾乎都引用關於中國古籍禮記王制「養老」的記載：「有虞氏養國老於上庠，養庶老於下庠；夏后氏養國老於東序，養庶老於西序；殷人養國老於右學，養庶老於左學。」如此一來，這些受養的「老人」就是歷史記載中的教師。

再者，尚書舜典所記「帝曰：契、百性不親，五品不遜，汝作司徒，敬敷五教，在寬。」以及「帝曰：夔、命汝典樂，教冑子。」如以上說法成立，那麼擔任「司徒」、「典樂」等官者，就是老師了。如此觀之，對初民社會的「教育」採廣義的定義，則無意的模仿、有意的學習以及經驗的傳遞等都可稱為教育（徐宗林和周愚文，1997），具有「社會化」或「教化」等定義，有「教」之行為者，即被稱為教師。

至於當時教師之身分地位，如禮記學記篇中所記「當其為尸」、「當其為師」時，天子都需對其敬重三分。將師與尸等同對待，身分地位可謂非常重高。到了春秋時代，孔子以一個沒落的貴族，招生授業，收受學生之束脩，培養七十二位優秀的弟子，開啟了以教學為業的先河，曾周遊列國，然受各國國君敬重程度必不一，大體而言，可說是樹立我國教師這一行不錯的社會地位之指標性人物。

從西方的歷史看教師這一行，西洋教育史的教科書上（林玉体，2005；徐宗林和周愚文，1997）寫著，最早有所謂「教僕」一詞，在奴隸群中誰無能力從事勞動者，即擔任教主人小孩的工作。也就是說，若有一奴隸在栽種果樹時，不小心跌傷了，無法工作，就讓他成為「教僕」。另外，西方亦有較高階地位的教師，古希臘羅馬時代，城邦政治下有參政權的自由民，由於表達意見的需要，需要有良好的口才與思辨的能力，而有以教人說話為業者的出現，艾蘇格拉底（Isocrates, 436-338 B.C）成立修辭學校，認為一個會講話的人也是一個道德良善的人，因此與當時為教會學生辯贏而不惜「非是是非」、「顛倒黑白」而被看不起的「辯者」（Sophists）有所區隔。

至於有西方的孔子之稱的蘇格拉底（Socrates, 470-339 B.C），則透過「反詰法」來讓願意與他交談者（也就是受教者）能夠「了解自己」（know thyself）、要有「無知之知」，惹惱了不少人，因此被誣以妖言惑眾的罪名，最後為守法遵守判決而飲毒自殺。蘇氏的悲慘下場，讓柏拉圖（Plato, 428-348B.C.）覺得民主並一定是個好制度而決定遠走他鄉，柏拉圖成立「學院」（Academy），只招收男性和懂數學的人。亞里斯多德為其學生，但崇尚經驗論，與其師認為抽象的才是實相的看法不同（林玉体，2005；徐宗林和周愚文，1997），但無損其對柏氏的尊敬，「吾愛吾師，但吾更愛真理」，即為其師生關係的最佳寫照。

比較而言，在上古時期，西方對教學者之敬重，似乎不如中國，但是也還能找到像亞里思多德敬重柏拉圖之例子。另外，職業聲望可分為主觀的認知以及客觀的衡量，然報酬的多寡，還是目前衡量一門行業之社會聲望的重要指標之一。以此觀之，中西在孔孟與希臘三哲時期，孔子收束脩、蘇格拉底收學費但繳交不起者奉獻實物亦可，西方的辯者更是使出渾身解數與學生議價，可知其共同點是報酬不穩定，難以以報酬論斷其社會地位。

二、教師地位與原生家庭社經背景

中小學校長多出身自教師，他們多經過師資培育機構栽培的過程，才分派到學校任教，其後經過擔任組長、考主任、考校長等歷程，因此要從事教師研究，不可忽視校長這一環。因此，本部份僅從若干校長的描述開始，來探討教師的社經背景。

在關於校長的研究中，提及因家境不佳而走入教育這一行者，不勝枚舉。例如：出身自「校長窩」（花蓮縣鳳林鄉）的許傳德（1999），在敘說一位國小校長的生命史時，提到了研究對象「邱校長出身貧寒 ...」等字眼。胡邦欣（2000）在研究一位原住民女性校長的理念與策略時提及「彩虹校長 ... 家中經濟不佳。」再來，唐先佑（2001）在研究中提到校長的辦學理念與實踐時，也寫道：「因為家裡窮 ...」。看了以上的例證，難免會有「因為家裡窮所以選擇讀師範、當老師」之聯想，接下來的推論就是「因為她（他）們不甘於平庸，所以考主任當校長」。

然而，在不同的時空背景下，並非都是貧窮家庭的優秀子弟才走上讀師範學校之途。在日治時期，臺籍人士就學機會不多，就讀中等教育機構者更是少數，由於是殖民地，日本政政府只放心讓臺灣人就讀醫科與師範，因此想在臺灣本島就讀中學者的選擇不多。依據吳文星（1992）的研究，在日治時期師範部入學的學生之家境多屬小康以上：

> 1905-1909 師範部入學的學生 200 人中，家產在一千日圓以上者佔五分之四，其中超過一萬日圓的又佔總數的五分之一。而在 1918-1922 年入學的學生 428 人中，幾乎全部家產都在一千日圓以上，其中以一至五萬日圓的最多，佔總數的五分之二。... 至於家長職業，都是以地主及自耕農居多數。

吳文星（1992,1999,2008）在該文中進一步確認道：「1900 年代若有家產一千日圓及可稱為小康，有一萬日圓以上者已是屈指可數的地方富豪之流。」由以上資料，吳文星推論：「師範部乙科的臺籍生，絕大多數出身中、上階層家庭，甚至不乏富豪子弟。」總之，日本殖民政府在臺灣僅推動小學義務教育，對中等以上教育機構之成立並不積極，故能夠接受中等以上教育者，不論是就讀何種類型學校，多有其優勢的家庭背景來支持。

另一方面，因為優勢家庭背景有實力來支持其子弟之教育，無論他們子弟所修習科目為何，都有助其既有之社會地位之鞏固或提昇。誠如吳文星（1992,1999,2008）所言：「中、上階層子弟，尤其是富豪及士紳子弟，可說是新教育的重心，... 正由於富豪士紳繼續重視子弟教育，他們的社會地位益形鞏固，甚至更加提高。」

值得注意的是，吳文星（1992,1999,2008）認為：「新社會領導階層的教育資格呈現集中的現象，而以習醫學、師範、法政及經濟者佔多數。... 受過師範及高等教育專門訓練者，絕大多數並未扮演與其教育資格密切相關的角色，而是表現出『通才』的性質」。由上可推論，師範科在中等以上教育機構缺乏的日據時期，與醫學、法政、經濟等科，同是富豪士紳子弟所就讀的學門，但是畢結業後並不一定投入其所修習（專業教師）的行列。

三、教師地位與性別

教師性別方面，由前文歷史的觀點處可發現，過去中西教師多是男性。在美國殖民地時期的小學教師，也以男性為主。至於我國，符碧真（1999）也提出我國早期教師以男性為主的說法。

依照教育史書籍所記載，過去英國女性擔任教師者，有許多乃是在家開設「媪婦學校」(dame's school)。依林玉体（2005）所言，彼時對於讀寫算的教學，少有人將其視為正業，「是教會工作人員如風琴彈奏者或挖掘墳墓者的附帶工作，或是善心的媪婦在處理不必走動的家庭雜物時的副業。」

20 世紀中外學者教師性別之研究（郭丁熒，1997；符碧真，1999；Lortie,2002; Spencer, 1996），發現小學教師行業逐漸的女性化。Lortie（2002）認為其原因為都市化、世俗化以及學校擴張，使教學成了年輕女性的行業。

Tyack(1974) 從學校科層化的觀點來論述 19 世紀末美國女性教師的議題，當時女性教師激增，但是男女性教師不同工不同酬，工作量比男性教師多但是薪水比較少，Tyack 亦引用 *Hapers* 的報導，說明女性教師比較甘於服從領導以及組織規範，使得學校的階級組織與整個大社會的男性沙文主義相符應。

至於我國的情形，符碧真（1999）認為是由於 1970 年代延長國民教育措施且同工同酬的結果，導致大量年輕女性投入教師行業，因此中小學教師這一行成為了女性的行業，郭諭陵（2006）稱此為「職業的性別隔離現象」，歸其原因如下：

> 女人比較常集中在「女性的」半專業性職業，而較少處於以男性爲主的專業工作中。女人常被視爲「天生」就適合於涉及照顧的工作，例如護士、小學教師以及社會工作。然而即使在這些工作中，女人也常集中於較低的職位，而且受男人控制（郭諭陵引 Abbott and Wallac，1990/1995）。

Lortie（2002）亦觀察到，小學教師的性別組合之變化對教師行業的發展有重大的影響，他認為女性大量從事教職，對教學的專業化有所影響。楊巧玲（2007）認為此種「女生當老師最好」、「教職女性化有礙教職專業化」等性別論述，是性別意識型態的流露與展現，需要全面加以檢視。

參、研究方法

本部分從教師脈絡的探討以及研究者與研究場域的關係兩部分來說明本文所採的研究方法以及資料搜集的方式。

一、 教師脈絡的研究

一份欲彰顯教師在社會脈絡中的主體經驗的研究，可透過教師生活史的訪談，這也是生活史的訪談主要目的（Goodson & Choi，2008）。一般生活史的訪談，常透過具代表性的政策檔案、脈絡性資料文件等的蒐集，以作為文件分析的素材。準此而言，生活史即是一種脈絡研究（contextual research），了解研究對象成長過程的社會文化脈絡，蒐集研究對象所在地區的資訊（包括統計資料、當時報章雜誌的報導等），以與研究對象所言相印證（Johnson, 2007）。

本研究的主要目在於將一位個案教師之受教過程（個人教育史），置於其所處時空的社會政治脈絡來探討，透過個案教師的受教過程的了解，來重現其受教過程中有關人事物，因此需透過教師個人生活史與相關文件資料的蒐集與分析，以達此目的。Constas（1997）也認為生活史和檔案回顧（archival review）是脈絡研究資料的來源。除此之外，他還將個案之生活史及其所處脈絡製作成年表摘要（chronological synopsis），以表現出一般教育的社會政治脈絡和個案教師特別教育史間的關係，因此本文在處理此一資料時，也會簡要提及個案教師早期的受教經驗。

研究者在921重建告一段落後，於2002年間與當時中寮鄉爽文國中謝校長共同合作研究〈日治時期南投縣中寮鄉的教育〉，因之有機會走訪中寮鄉。當時，研究者除了主動請求謝校長引介拜訪重建後的學校外，感於老陳易凋零，也請其代為推薦中寮鄉的耆老，以訪問其受教育的過程。謝校長推薦了世居在中寮鄉永平村生於民國 16 年的退休校長吳老先生，在接受其允諾之後，於 2002 年 5 月間作初次的拜訪，並於 7 月 23 日與 7 月 26 日兩次正示訪談，每次交談約 2 個多小時，依據黃瑞琴（1991）的說法，生活史主要是根據深度訪談而寫成，生活史的報導人需有時間接受長期系列的訪談。準此，本研究的訪談長度只有 2 次 4 個多小時，只能說是「準」生活史或「擬」生活史的訪談。

黃瑞琴（1991）認為在進行生活史訪談時，研究者可先發展一個「訪談指引」，用來提醒自己可考慮到哪些訪問問題的領域，每個領域細節由報導人自由述說。本研究雖只是擬生活史式的訪談，但是仍遵循黃瑞琴的建議，在第一次非結構性的訪問後，亦擬一份生活史訪談大綱，於第二次訪問時，對照著事先蒐集的中寮鄉文件，如中寮鄉的《鄉親報》及地方文史出版品，以及謝校長整理的中寮鄉日治時期教育年表摘要，來與研究對象所言相印證。訪問時在吳校長同意下將交談實況予以錄音，同時在場的除了吳校長、謝校長、研究者外，還有吳校長夫人，研究者也邀請吳校長夫人參與，以期收錄更完整的資料，錄音之內容皆完成逐字稿之謄錄。

編碼部份分逐字稿與訪談札記二類，逐字稿的編碼代號為「逐」，下分八碼，第一碼為月份，第二、三碼為日期，第四碼為錄音帶之 A 或 B 面，第五、六碼為逐字稿頁數，第五、六碼為逐字稿行數，以（逐 726B0831-38）為例，即代表 7 月 26 日所錄之錄音帶 B 面謄錄在該筆資料第 8 頁的 31 行到 38 行。札記部分乃屬研究者在訪談時的筆記或訪談後整理，只標出札記的撰寫月份與日期共 3 碼，例如：札 726 代表 2002 年 7 月 26 日所記之札記。

二、研究者與研究場域

研究者乃彰化縣人，彰化縣與南投縣相臨，因而自小到大常有機會前往該縣各風景區旅遊，所以自認對南投縣隸屬的鄉鎮有相當了解，及至有姻親來自南投縣中寮鄉，才發現該縣竟然有此行政區域，意會到自己對臨縣的地理之知識有待加強。但看了以下之報導（須文蔚，2000），研究者的無知似乎可以原諒：

> 中寮本來就窮，鄉長吳朝豐不止一次對媒體表示，中寮鄉是南投最窮的一鄉，連省道都沒有經過，農業又不斷敗落。特別在災後，鄉民都沒動，鄉公所也沒變，整個既有落後的結構加上天災，更讓中寮鄉顯得一片亂。

如報導中的吳鄉長所說，中寮鄉沒有省道經過，應該是我不識中寮鄉最大的理由，無論從彰化縣或臺中市到南投風景區（以日月潭為例）的省道，都不會經過中寮鄉，使我無緣知道中寮鄉，因此交通非居要津可能是中寮鄉默默無聞的主因，及至 1999 年 921 大地震對南投縣中寮鄉嚴重的傷害，使得該鄉受到全國各界之關注。

研究者在拜訪中寮鄉小學時，災後的重建大致告一段落，民生雖依舊蕭條，但是災區偏鄉的學校因有教育部經費的挹注，更多是來自慈善團體、企業機構的認養或各方的集資，有效率且有創意的把學校蓋得美倫美煥，從南投縣政府（2001）所編的《自然・人文・世紀新校園》一書中可知，南投縣 921 後重建的中小學，造價在 2 千多萬到 7 千多萬不等，多在半年至一年左右即完工。書中記載著當時的縣長彭百顯，引慈濟證嚴上人所言「大地湧現出的藝術品」，來形容這批學校建築。中寮的社區報《鄉親照相簿》的照片說明中還寫著：「純木造歐式風格的和興國小，巍然矗立在平林溪畔的山坡上，這裡不只是學生們的學習天堂，也是旅遊的最佳去處（張燕甲，2002）。」因之，興起一股地震災區學校觀光潮，研究者亦是在此種風潮下，主動請求當時中寮鄉爽文國中謝校長引介，拜訪這些重建後的學校。

另外需要一提的是，在921大地震後，有各式團體進入災區從事各方面的協助，有一種方式乃是希望借由保留歷史記憶以幫助村民再站起來。上文所提災後回鄉創中寮《鄉親報》辦報的舉動，即是受注目的一個例子。另有蔡篤堅等人帶領的團體，以蒐集難民口述歷史的方式，除了保留與重構災區歷史外，也協助受災者能透過言說來使自己重拾人生的意義。研究者受此理念與作為之影響，因而希望透過生活史訪談的方式訪問地方耆老的受教過程，並將其放在研究對象所處的時空脈絡下，彰顯其意義，以為中寮鄉鄉民受教育的過程，留下一點記錄。

肆、研究發現與討論

一、日治時期的中寮鄉永平村（鄉親寮）

中寮鄉是1988年921大地震的重災區，屬臺灣省南投縣，依順時鐘方向由草屯鎮、國姓鄉、魚池鄉、水里鄉、集集鎮、名間鄉與南投市所環抱，是國家列入有案的偏遠地區。

清乾隆年間漢人主要分濁水溪與貓羅溪兩路線入墾中寮鄉，濁水溪入墾路線為雍正年間以向鹿谷推進鳳凰山開墾為主，乾隆初二十年後二十年間更向東開墾集集鎮，山脈溪谷成為大聚落，部分移墾中寮鄉。貓羅溪入墾路線始於雍正年間，移民經由彰化沿貓羅溪入墾南投市、草屯鎮，至乾隆末葉至嘉慶年間由南投市沿軍功寮溪移墾中寮鄉（南投縣政府，2002）。

中寮鄉在以前曾因生產品質極佳的香蕉，故各村里的小街道山居人多，熱鬧一時（南投縣政府，2002）。以上榮景，可以吳校長記憶中日治時期之香蕉集散日得到證明：

吳校長：永平村那時只有一條街，現在有兩條街（逐 726A0407）。比較熱鬧的是香蕉園那時候，中寮所有的香蕉都要運到鄉公所對面，現在還在。

研究者：那是光復的事情喔？

吳校長：不是，日本時代就有囉！日本時代就很夠多囉，日本時代的香蕉那所有看到中寮鄉的山，差不多都種香蕉，那所以那時候的香蕉中寮鄉的香蕉在日本超有名。有一個圓圈裡面寫一個「中」，人家説是一個圓圈中的香蕉在日本最受歡迎。因爲我們比較 ... 屬於山區山蕉，比較好吃。所以香蕉期很熱鬧，那香蕉期在永平街上的熱鬧完全改觀，那一天香蕉期那一天特別熱鬧，熱鬧得不得了，因爲所有種香蕉的人都要把香蕉運過來這邊選，每一甲地的香蕉都會到這來，很熱鬧的（逐 726B0831-38）。

至於平常日，由於中寮鄉永平村地處封閉，形成該區自給自足的一個區域，不會像香蕉集散日那麼熱鬧，但是仍有起碼的商業行為，吳校長回憶道：

我們那時候只有香蕉期比較熱鬧。其他都沒有什麼內山店，不過大家要買東西都來這邊買，因爲你去外面就沒有路了，那時

候交通不方便，無形中永平街的商店算是內山店來講，但是他們還是維持下去。（逐 726A0813-18）

香蕉沒落後，鄉區開始種植其他水果類植物，原有小鐵路由南投通達中寮，八七水災後拆除，後來人口外移（南投縣政府，2002），造成中寮鄉的沒落。

二、鄉紳之子

吳校長的父親生於 1896 年（民國前 16 年、清光緒 22 年，明治 29 年），據吳校長口述，1907 年（清光緒 33 年，明治 40 年）曾就讀於南投公學校，刻苦耐勞，慧黠多能，後來擔任中寮地區庄役場（公所）之祕書兼會計，還累積了不少的土地，吳校長曾展示出他父親留下來的地契給研究者看。目前還有討論農作的部落格，提及吳校長是地主：

我家再上方一點的土地，過去是由我國中同學家所租作，後來交還給地主，聽說地主也沒力量耕作，地主是中寮國小前校長吳○○的樣子，…（麥舞者，2008）。

據吳校長報導，當時庄役長為日本人，庄役場當時還有其它有工作人員若干人。當時的中寮之公家單位大概有庄役場、警察局和中寮公學校（現中寮國小），警察為日人所擔任，中寮公學校教師臺日籍皆有之，日人多任教高年級，臺籍教師多任教低年級，臺籍教師多來自臺中州，但無中寮地區人士（札 728）。以下從父親之學經歷、與日本人之關係以及提拔人才三部分來了解吳校長的父親。

（一）父親之學經歷

吳校長提及其父親讀過的小學其就學情況如下：

吳校長：... 我先父那時後就不一樣，那時候他十二歲一年級。
研究者：是他自己想要讀？
吳校長：對！他自想想要讀 因爲工作累囉！那時候餅店的學徒、煎鍋 ... 累了！辛苦就知道要讀書囉（逐 726A0912-16）

吳校長提及其父親的經歷曾擔任過家鄉的公所與農業組合之情況如下：

研究者：那你爸爸在做的庄長的秘書那時候的農會不知道是怎樣做喔？
吳校長：那時候農會還沒 .... 那時農會還沒組織唷!! 我先父他，公所沒作之後才去農會（逐 726A0717-19）
研究者：會不會說做公家機關的工作就高人一等？
吳校長：不會（逐 726A0730）。

（二）與日本人之關係

據吳校長回憶，日治時期吳父以自家三合院中之一「護龍」作為居住與宴客交際之用，進出者多為日本人：

我記得日據時代，日本人常常來我們這邊，比較有在來來去去。平常他來讓我們請客的時候 都在榻榻米上。日本人喝酒都很…很痛快喔（逐 723B0521-27）！

從上可知，吳父對於交際應酬的重視以及其在地方政治上之地位。

吳校長特別說明該建物在 921 地震之前仍可見，但震後已拆除，改為草坪，可供停車或休憩之用。2002 年拜訪吳先生寓所時，只剩下「正身」之所在，在日治時期租給一對日本夫婦作為代書事務所（逐 723B2130-35），由於訪問時吳先生兒子習醫在花蓮開業，另一個女兒在他縣市擔任教職，一個女兒遠嫁澳洲活躍於僑界，既然兒女都已在外成家立業，故當時「正身」只住夫婦倆，不覺得空間狹窄。

（三）提拔人才

吳校長的父親除了重視自己子女的栽培外，也重視對鄉里傑出人才的提拔，吳校長小學班上幾位優秀同學就受到吳父的提拔，而在家鄉展露頭角，成為重要人物。吳校長說道：

> 再另外一個姓陳的那一個，阿…..之後我先父把他帶進去農會當職員，之後…….和人家競選，那時候已經有鄉民代表了，我們那一個同學之後也當選代表，競選代表主席，我們那一班在社會上很活躍，另外一個姓張，他之後做農會理事長（逐 726B0101-12）。

由上可知，吳校長的父親能以一臺籍中寮在地人士，由於識字，善於經營人脈，在當時於權利系統佔有一席之地，在中寮地區有其影響力。

三、求學之路

吳校長的家人盼望其能習醫，就讀聲望高的學校，但事與願違，以下分別從小學、中學兩階段，來紀錄吳校長的求學之路。

（一）小學

1. 寄讀與對師長的回憶

吳校長之父親非常注重其學業，在 1933 年（民國 22 年，昭和 8 年）即送未屆學齡的吳校長以寄讀方式就讀於中寮公學校。吳校長於次年 1934 年（民國 23 年，昭和 9 年）正式就讀一年級，也就是再讀一次小學一年級。

1939 年（民國 27 年，昭和 13 年）六年級畢業，吳校長認為其小學時的老師，無論是日本人或臺灣人都很認真教書，對於畢業旅行到臺北住一晚則念念不忘。另外，在與吳校長對照日治時期中寮國小教職員人名錄時，發現日治時期，各級學校教師多由日人[1]充任，臺籍教師為數甚少，而多數又係助教及師校教養生徒，此與王煥琛（1999）所寫相同。

2. 插班考

日治時期明治天皇頒令，日本人讀小學校，臺灣人讀公學校，其師資設備與學制皆有所區別，在 1941 年才取消此差別待遇。吳校長就讀小學年代為 1933 年（昭和 8 年）至 1939 年（昭和 13 年），故以一般臺籍人士而言，小學仍就讀公學校。

受到戰爭的影響，物資缺乏，雖然吳校長家境相對富裕，但也談到他和其它家庭的小孩一樣打赤腳上學。由於當時有身分地位的臺籍人士多希望和日本人一起就讀小學校，故吳父曾讓吳校長在四年級時參加小學校的插班考：

---

[1] 吳校長嘗提及有日籍男老師教沒多久就因被征召入伍而離職者，此一情形也見之於臺中教育大學日籍校友八木由夫（2009）先生。在 2009 年 12 月與八木先生在日本千葉縣船橋駅見面時，受贈其作品集，其中就記載有他曾在新營郡白河街竹子門國民學校教了九個月，因戰事入伍而離職的情事。

吳校長：我先父就是因爲那時候和日本人比較有來往，他知道說
　　　　… 小學 …. 比較 …~ 希望比較有。小學校如果能進去算
　　　　是 … 將來的升學比較 …
　　　　好像 …

謝校長：競爭比較沒那麼多啦！

吳校長：阿！對 …（逐 723B0708-21）。

參加插班考前，要先考察背景後才有考試的機會，吳校長通過了這一關，但是筆試結果並未如人意，而未轉學成功，所以吳校長自我解嘲的說：「四年級的時候去考，沒有考上 … 就乾脆放棄 … 麻煩啦～去讀南投小學 … 光來回就很麻煩了，對不對？」（逐 723B0708-21）。

吳校長就這樣在中寮公學校讀到畢業，畢業後升學的目標是現在的臺中一中。

（二）升中學

日治時期日本人注重的是小學教育，而中等以上的教育以實用為主，為升學而準備之普通中學亦有之，但校數就少了許多。其共同特色有二，分別為：一是男女分校，不能共學，因此可以看到中學校和高等女學校之分；二為日臺學生分途就學，故可看到一中與二中之別。觀之現在的中投區（臺中南投）之中學，還存有此現象。如男校有臺中一中，女校有臺中女中。另外，有「一中」、「二中」之排列，若認為是日治時期一中聲望或學生之素質優於二中，就失之於武斷了。吳校長特別提起：

我們臺灣人讀臺中一中…那時候臺中一中都是臺灣人在讀的，
那時候日本人是讀臺中二中啊！（逐 723B0708-12）

原來一中、二中之成立，各有其目的，臺中一中是臺灣人讀的中學，臺中二中是給日本人讀的。後來觀諸臺中一中網頁與臺中二中網頁中校史的記載，發現臺中一中乃由臺籍鄉紳集資所創，成立年代早於臺中二中，本名「臺灣公立臺中中學」，民國十年改稱「臺中州立臺中第一中等學校」，為第一所培育臺灣青年的學校（臺中一中網頁，2010）。

總之，吳校長於 1939 年（昭和 13 年）小學畢業，欲讀中學，以一位臺人子弟身分，乃投考臺中一中。當年的臺中一中競爭和現在一樣激烈，誠如吳校長所說：

> 臺中一中如果考得上 就算是很不錯的學生，這可以說是…..
> 腦筋都是相當不錯的學生，才有辦法考上。（逐 723B0714-16）

當時臺中一中入學的考試科目不只有筆試，還有口試與體能測驗：

> 研究者：那時候臺中一中的考試，有口試！也有…體育試驗？
> 吳校長：那當時的體育試驗要跳箱。要跳箱跟單槓，看單槓看拉幾下。那時候的…中學考試，不是隨隨便便耶！
> （逐 723B0720-32）

由於鄉下地區，文化刺激不夠，在學業成就方面即使老師認真教導、學生努力學習，也難和都市學生競爭，所以中寮公學校有此志向者多未能如願，誠如吳校長所說：

> 老師因爲他有那時候我們都要去考中一中，他算有責任老師也很認眞教我們，那時候教我們也很認眞。我們那一班升學考試

都沒有人考上，這的確很難，連班長也沒考上，班長去考臺中商專也沒考上，我有一個去考中一中也帶鴨蛋回來，老師很失望但是他也很認眞（逐 726A0238, 26A0401-3）。

由於未考上臺中一中，當時臺灣的中等教育機構又不多，吳校長只好負笈北上，就讀「私立臺北中學校」，吳校長特別說明臺北中學校即為現在的泰北中學。經查泰北中學校史後，發現它本是一所為佛教僧侶所辦之學校。當時臺灣私人興學多為西方人士所創設的教會學校，如北部淡江中學與南部的長榮中學等，為佛教僧侶所辦之學校，相較而言，顯得獨特。

據泰北中學網頁（2010）資料顯示：「私立臺北中學校」本名為「私立臺灣佛教中學林」創立於 1916 年，1917 年正式招生，修業年限為 3 年。1922 年改名為「私立曹洞宗臺灣中學林」，後來收併「私立臨濟宗鎮南中學林」與「私立國學院」，於 1935 年稱「私立臺北中學」，是為佛教學林蛻變為普通中學之始。1938 年由臺北東門遷至士林，改名「私立臺北中學校」，修業年限改為五年，與當時公立學校同資格。

根據以上泰北中學的沿革，再配合吳校長的小學畢業年代（1939 年），可以確定吳校長北上就讀之泰北中學乃為當時修業年限五年的「私立臺北中學」。

吳校長的家人本盼望其能習醫，但是由於學業成就一直無法提昇，又加上戰事阻撓學習，故而放棄。在二次大戰後，由於日籍教師回國，導致臺灣的教師需求量大增，故師範學校開始積極招生，吳校長也在此時報考臺中師範學校，結業後擔任小學教師。

四、成爲小學教師

分析訪談逐字稿後，發現吳校長對於師範學校生活的記憶並不多，倒是若干檔案資料或相關文獻之整理較為充實，故以這些書面資料來了解吳校長就讀臺中師範的脈絡。

王煥琛（1999）的資料顯示，日本投降前1年（民國33年）全省國校教員有15,483人，本省籍者只有7,161人，而多數又係助教及師校教養生徒（計4,952人）。因之，全國省校代用教師占72%之多。為此，教育行政當局乃採下列措施：1. 徵選：向滬閩等徵選一部分教師；2. 甄選：組成教師甄選委員會，自34年11月即開始甄選小學教師；3. 考選：考選國校（國小）國語教師，施以短期講習，分發任用；4. 訓練及講習：甄選合格之教師，予以短期訓練，期滿任用為小學代用教師。凡經甄選和考選合格之教師，則均於接受短期講習之後，始以就職。

於李園會等(1994)編著的《國立臺中師範學院校史初編》第351頁「師資訓練班」第二屆（1946年入學、1947年畢業）第一行第六列看到了吳校長的姓名。1946年臺中師範學校所招收的班別分別有青年師資訓練班、師資訓練班（第二屆）、普通師範科第二屆、簡易師範科、普通科第三屆（高等科畢業者），另有暑期講習班供教師在職進修。

依據李園會（1996）所記載的師資訓練班第二屆的相關資料，經歸納後重點如下：

成立原因：民國34年光復後因日籍教師時多已遣返日本，國民學校教師普遍不足，爲了應付急迫需要於民國35年招收師資訓練班第二期。

應考生人數：100多人。

錄取人數：34人。

應考生素質：學歷參差不齊，年齡差距大，素質程度差距亦大。

入學資格：中學五年級學歷。

作答語文：中日文皆可。

入學日期：1946年4月1日。

畢業日期：1947年6月。

畢業人數：34人。

畢業典禮場所：自由路娛樂館（遠東百貨公司舊址）

頒授：臨時畢業證書。

有效期限：三年。

資格：臨時畢業證書有效期限過後換正式畢業證書，資格與三年制普通師範科畢業生同。

由上可知，師資訓練班的入學資格需有中學五年級學歷，吳校長因具備修業年限五年的「私立臺北中學」之學歷，因此於李園會等（1994）編著的《國立臺中師範學院校史初編》第351頁「師資訓練班」第二屆第一行第六列看到吳校長的姓名，為吳校長本人，應無疑義。

五、鄉紳之子仍爲鄉紳

吳校長在擔任過國小老師7年後，於民國43年以27歲之年齡擔任南投縣中寮鄉永樂國小第一任校長（1954-1961年），其後轉任中寮國小戰後第三任（1961-1972年）、集集鎮集集國小第五任校長（1972-1977年）（陳健鏘主編，1995），後又再度擔任中寮國小第五任校長（1977-1989年），於任期間以62歲之齡提早3年退休，校長生涯長達35年，其中有近30年的時間服務於故鄉中寮鄉，更有長達23年的時間擔任母校之校長，在中寮鄉乃至於南投縣皆有其身分與地位。

吳校長退休後，熱心公益，與人為善，為縣調解委員會的一員。研究者在拜訪吳校長時，仍有文史工作者來電，預約訪問日期。在與研究者訪談後，仍須趕赴調解委員會開會處理案件。吳校長目前已過世，但是仍遺愛人間，造福鄉里，他的家人將喪葬費二十萬元捐出，在中寮國小成立基金會協助清寒學童就讀（謝介裕，2007）。

在臺灣歷史的發展中，受過教育的讀書人，由於識字，往往能擔任村落領導人的角色（張耀宗，2007），吳校長及其父親即是明顯的例子。社會學對於下一代的表現與上一代的表現類似，有不同的解釋，其中的一種說法為所謂的「再製」（reproduction），再製包括身分地位的社會再製（social reproduction）與品味氣質的文化再製（cultural reproduction）（陳奎憙，2007）。若從「再製」觀點來看待吳校長，因為吳校長的家庭背景，使其成長的過程，受到充分的栽培，在經濟層面和文化層面皆得到上一代的庇蔭，即使學業表現不甚突出，在物資與就學機會缺乏的年代，仍然脫穎而出，成為地方上有名望的人物。

另一方面，也可以從 Willis（1977）的「文化創生」（cultural production）觀點來作思考，Willis 認為一個人之身分或工作條件雖與父親類似，雖然受制於（或獲利於）其原生家庭的社經背景，但其仍有其自主權，以決定自己是否步上父親的後塵。從吳校長的口述中可知，其積極負責的作人作事態度、主動熱心公益的性格，是其能在地方上擁有聲望的重要原因，因此也適合從文化創生的觀點來解釋吳校長的成就。

伍、結 語

教師社會地位古今中外不同，一般而言，中國教師地位高於西方。另外，若從收入、專業表現以及進入該行的難易度衡量之，則現在的水準高出過去許多。

在過去臺灣以公費培育中小師資的時期，就讀師範院校讓人覺得是窮人家小孩或女性的學校，但若把時間點往前推到日治時期，在社會政治經濟背景的影響下，有機會就讀師範學校者家境至少需小康以上，然其自師範學校畢業後，也不必然擔任教職，因為在當時雖然日本人已推行小學義務教育，由於戰亂，能完成學業者仍有限，完成中等教育以上者更是少數，因此學成歸鄉後往往能擔任村落領導人的角色。

本文的研究對象吳校長，由於家庭環境的許可，在家人的精心安排下有機會接觸到中等教育，本來無意從事教職，但是由於戰亂而投考師範學校短期班，一年後畢結業後擔任家鄉學校的教學工作。在過去鄉下地區，地方上的領導人物往往是公職教職人員或地方民間合作社的成員，吳校長在家故鄉循著小學教師晉昇的階梯，由主任而擔任校長，而有機會追隨著父親的腳步，成為地方上有名望的人士。

本文的另一重點在於循著吳校長的成為教師的過程，勾勒出一個偏鄉學子求學的過程，以還原其求學階段的若干真相，在其小學階段着重在所記憶的中寮鄉永平村以及對父親的回憶，在中學階段因出外求學，故著重在其所提起的三所中學（臺中一中、臺中二中以及泰北中學）之起源與概況，並透過文獻來了解其所就讀臺中師範學校師資訓練班第二屆的概況。

參考文獻

八木由夫（2009）：**四季の春**。日本，千葉：百年社。

王煥琛（1999）。我國師資培育制度發展與趨向。載於中華民國師範教育學會主編，**各國小學師資培育（頁 1-22）**。臺北：師大書苑。

王鳳喈（1951）。**中國教育史**。臺北：正中。

李園会（1995）。**日本時代の臺中師範學校**。臺北：五南。

李園會等（1994）。**國立臺中師範學院校史初編**。臺北：五南。

李園會編著(1996)。**光復後之台中師範學校**。臺中:臺中師範學校校友會。

吳文星（1992）。**日治時期臺灣社會領導階層之研究**。臺北：正中。

吳文星（1999）。**日治時期臺灣的領導階層**。臺北：五南。

吳文星（2008）。**日治時期臺灣的領導階層**。臺北：五南。

林玉体（2005）。**西洋教育史**。臺北：三民。

胡邦欣（1990）：**學校與社區家長的互動關係：一位原住民女性校長的理念與策略**。國立花蓮師範學院國民教育研究所碩士論文，未出版。

南投縣政府（2001）。**自然・人文・世紀新校園**。南投：南投縣政府。

唐先佑（2001）：**廖高仁校長的辦學理念與實踐**。國立花蓮師範學院國民教育研究所碩士論文，未出版。

徐宗林、周愚文（1997）。**教育史**。臺北：五南。

許傳德（1999）：**一位國小校長的生命史**。國立臺東師範學院國民教育研究所碩士論文，未出版。

郭丁熒（1997）。師院學生的社會流動之研究。**國家科學委員會研究彙刊，**

7(2)，181-197。【網路版】

郭諭陵（2006）。教師工作的性別垂直隔離。**國立臺北教育大學學報，19(2)**：225-254。【網路版】

陳奎憙（2007）。**教育社會學**。臺北：三民。

陳健鏘主編（1995）。**南投縣鄉土大系文教篇**。南投：南投縣政府。

符碧真（1999）。誰來當老師？－我國教師組成結構變化之研究。**國家科學委員會研究彙刊，9(3)，377-397**。【網路版】

黃瑞琴（1991）。**質的教育研究方法**。 臺北：心理。

張燕甲（2002）。校園重建：和興國小。**鄉親照相簿，2月試刊號**（2002/02/28）。

張耀宗（2007）。教育菁英 vs. 傳統菁英：日治時期教育影響下原住民領導機制的轉變。**臺灣教育社會學研究，7（1）：1-27**。

楊巧玲（2007）。**學校中的性別政權：學生校園生活與教師工作文化之性別分析**。臺北：高等教育。

Constas, M.A.(1997). Apartheid and sociopolitical context of education in South Africa: A narrative account. *Teachers College Record*, 98(4): 683-689.

Goodson, I. & Choi, P.K.(2008). Life history and collective memory as methodological strategies: Studying teacher professionalism. *Teacher Education Quarterly*. Spring: 5-28. (electronic version)

Johnson, A.S.(2007). An ethics of Access: Using life history to trace preservice teachers' initial viewpoints on teaching for equality. *Journal of Teacher Education*, 58(4): 299-314. (electronic version)

Lortie, D.C.(2002). *Schoolteacher: a sociological study*. Illinois :The

University of Chicago Press,.

Spencer, D.A.(1997). Sociology of teaching. In L.J. Saha(ed.) *International encyclopedia of the sociology of education (pp.206-212)*. Oxford and New York: Pergamon.

Tyack, D. B. (1974). *The one best system: a history of American urban education*. Massachusetts: Harvard University Press.

Willis, P.(1977). *Learning to labor: How working class kids get working class jobs*. New York: Columbia University Press.

網路資源

南投縣政府（2002）。**南投史誌**。2010/7/15 下載自 http://twmedia.org/ scstw/?p=120。

泰北中學網頁（2010）。**校史**。2010/7/8 下載自 http://tw.search.yahoo.com/search?fr2=sg-gac&p=%E6%B3%B0%E5%8C%97%E9%AB%98%E4%B8%AD&fr=yfp&rd=r1

須文蔚（2000）。五個女子和一份報紙，**傳播學生鬥陣電子報（11）**，2000/09/12。2010/9/20 下載自 http://enews.url.com.tw/enews/2545。

臺中一中網頁（2010）。**校史**。2010/7/22 下載自 http://www1.tcfsh.tc.edu.tw/editor_model/u_editor_v1.asp?id={1A6323A5-3A56-4B97-9733-E6BEC5862AD8}

臺中二中網頁（2010）。**校史**。2010/7/22 下載自 http://www.tcssh.tc.edu.tw/index1024.htm

舞麥者（2008）。作麵包的學問—全麥、酵母、運送及其他 。**溪底遙學習農園**。2010/9/13 下載自 http://www.befarmer.com/main/2008/04/post_

1306.html。

謝介裕（2007）。善款湧入，幫助中寮貧童呷飽。**自由時報**，2007/11/13。2010/9/13 下載自 http://tw.myblog.yahoo.com/jw!pWyAYOSCBxPPzmvNqkIkSg--/article?mid=3721。

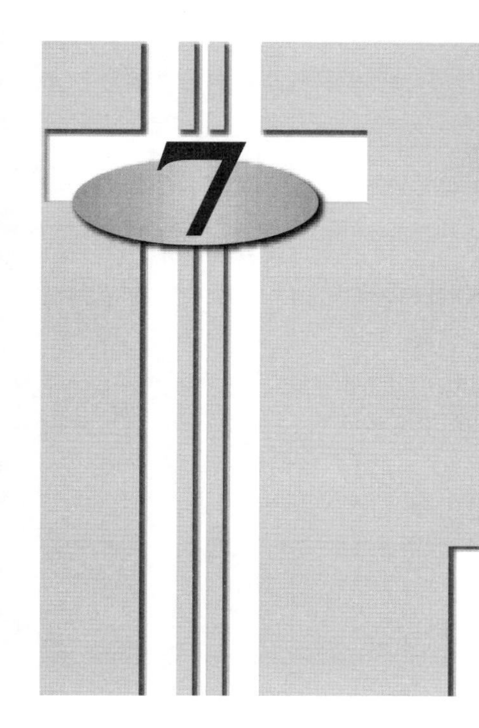

田培林思想中的教師圖像

施宜煌
經國管理暨健康學院幼兒保育系 助理教授

摘 要

教師圖像的探討為臺灣當前教育研究者所重視，諸多學者紛紛從一些哲學家的思想中探尋教師圖像為何？亦有試圖解讀教育電影中的教師圖像，瞭解現場教師如何看待教育電影中的教師圖像？本文即受學者對教師圖像探究的影響，且冀望探析田培林思想衍伸的教師圖像，進而掘發出對臺灣當前發展教師圖像的啟示，遂耙梳田培林思想中的教師圖像。而關於田培林思想中的教師圖像內涵為：（1）教師應相信人的可教育性；（2）教師應認知教育是一項創造的工作；（3）教師應體悟教育是一項忘我無我的工作；（4）教師應實踐教育愛。

關鍵字：田培林、教育愛、教師圖像

壹、前 言

在《教師哲學：哲學中的教師圖像》一書序言，林逢祺、洪仁進（2008）敘說：

> 滾滾濁世裡，「師道」如何，實爲社稷興衰之關鍵。哲學家們即使不直接探問教師任務之議題，在其思想中卻經常蘊含著豐富而耐人尋思的教師圖像側寫。就此角度而言，哲學家們可謂研究或關心師道者的「隱性導師」。（序 1）

是故，學者們選出二十七位西方偉大的哲學家，遠至 Socrates（469 BC–399 BC）、Plato（約 427 BC -347 BC）與 Aristotle（384 BC – 322 BC），近至 P. Freire（1921-1997）與 M. Foucault（1926-1984）等人，概述這些思想家的生平、哲學思想，且由思想中反省教育問題或建構教師圖像（謝雅如，2009），並將探究成果載於由林逢祺、洪仁進主編的《教師哲學：哲學中的教師圖像》一書。

再者，洪玉君（2005）撰述《Freire 與 Noddings 對話教學論及教師圖像之探究》，試圖探究 Freire 和 N. Noddings 著作中的對話概念，並根據結果建構「對話教學論及其教師圖像」。謝雅如（2009）撰文〈賈馥茗思想中的教師圖像〉，概述賈馥茗的生平，再探其思想淵源，最後探究其核心思想與衍伸的教師圖像。以上學者試圖從某位思想家的思想建構教師圖像，瞭解教師的精神內涵。另，丁如嬋（2009）著述《與天使角力－我與兩位教師閱讀教育電影中教師圖像之歷程研究》，試圖解讀教育電影中的教師圖像，瞭解現場教師如何看待教育電影中的教師圖像。從這些探討，可窺見教師圖像的探討在臺灣當前教育研究領域頗受重視。

在〈師範教育問題〉一文，沈亦珍闡述教師優良的重要性，沈亦珍（1960：11）敘述：

> 師範爲教育之母，此乃人人之所公認之眞理。誠以教育之良窳，繫於教師之身。教師優良則教育效果亦長。反之，教師質劣則教育效果亦劣。故西洋彥語有云：有如何之教師則有如何之學校，其理則一。

依上所述，可窺視教師在學校教育的重要性，故有師範教育的設置，冀望培育優良的教師。而師範教育可謂國家教育系統中之一重要部門，負有培養中小學師資之任務（劉真，1955）。再者，省思臺灣師資培育過程，極強調教育愛的重要性。人們經常認為，應當要培育出對學生富有愛心的教師。甚至認為，教育愛是教師應有的人格特質之一，是教師應有的涵養，為教師圖像的內涵（朱啟華，2006；賈馥茗，2008）。而對於教育愛的詮釋與實踐，田培林有其卓見（施宜煌、歐陽教，2010），故若對田培林思想進行探究，應能從中掘發出對臺灣當前發展教師圖像的一些啟示，此為本文選擇探討田培林思想中教師圖像的因由之一。

另，教育活動在人類日常生活中不斷地在進行，使得許多人自認為蠻瞭解教育工作是怎麼一回事。然若仔細思索，可發現我們似乎瞭解，卻又不能完全確知教師工作的性質、內涵與其複雜性（潘慧玲，2000），甚至又不能完全確知一位教師應有的作為如何？理想的教師圖像為何？職此之故，本文意圖探討田培林思想中的教師圖像，希冀俾利教師圖像的彩繪，讓人們瞭解教師的精神內涵，此為本文選擇探討田培林思想中教師圖像的因由之二。

總的來說，教育為國家的百年大計，教育的良窳關係國家盛衰（劉真，1987）。而教師為教育工作中的重要工作者（賈馥茗，2007：1）。故有關理想的教師圖像為何？教師的精神內涵為何？是一個值得深究的課題。本文即受學者對教師圖像探究的影響，且冀望探討田培林思想衍伸的教師圖像，進而掘發出對臺灣當前發展教師圖像可以提供的啟示，故耙梳田培林思想中的教師圖像。依此旨趣，本論文探討的重心包含田培林思想中教師圖像的哲學基礎與內涵。

貳、思想的哲學基礎

關於田培林思想中的教師圖像，其思想的哲學基礎，筆者分別從學者的影響與思想的哲學觀－創造的道德義務觀，加以進行論述。藉由這些探究，讓人們瞭解思想背後的哲學基礎。

一、學者的影響

在學者的影響方面，筆者探析老子、荀子、佛法與 E. Spranger (1882-1963) 的思想對田培林思想中教師圖像的影響。

(一) 老子

在《老子》一書第二章提及:「生而不有，為而不恃，功成而弗居」。田培林從教育觀點來分析、詮釋此段話在教育上的意涵。在《教育史》一書，田培林（1975：42）指出：

> 老子的「生而不有，爲而不恃，功成而弗居」這一類的主張，從教育觀點來看，確實是一種很有價值的理論。人類的本性，自然秉賦著「佔有慾」和「創造慾」兩種對立並存的成分。如果「佔有」勝過「創造」，社會秩序即不免紊亂，歷史進步亦將要受到妨礙；反過來，假使「創造」勝過「佔有」，人類文化才能進步。進一步說：老子所說的「生」、「爲」，就是創造，所說的「有」、「恃」，就是佔有；所以他才主張生而不有，爲而不恃。消滅或至少降低佔有慾望，並進一步養成發揮創造的慾望，這可以說是老子對於教育的見解。這種見解，到了現在的年代，我們還不能不承認是一種正確的理論。英國哲學家 B. Russell（1872-1970）所主張的「創而不有」（creation without possession），他自己就說是修正老子思想之後所得到的結果。

田培林贊成老子的說法，認為教育工作者應重視「生」與「為」，而避免「有」與「恃」，作到「功成而不居」、「創而不有」，幫助學生創造價值，使其有所成。當學生有所成就時，教師卻不佔為己有，而是希望學生將其所學貢獻於人類社會，這真是教育工作者應有的做法，也是教育愛的表現（林清江，1976）。

（二）荀子

中國性惡說的理論起源於反動性善說的基調，故性善說產生在前，而性惡說產生在後；西方則先有性惡說，而後有性善的觀點。中國性惡說的論調，首倡於荀子（伍振鷟，1995：82）。關於荀子對田培林思想中教師圖像的影響，田培林（1975：46-47）曾提及：

> 荀子主張性惡，這也是一般儒家爲之震驚的主張。可是荀子卻根據性惡的見解，建立起了文化哲學的教育理論。荀子自己曾說：「人之性

惡，其善者僞也」。這一句話可以說是荀子教育理論的基本原則。這裡所說的「僞」，並不是虛僞錯誤的意義，乃是「作爲」、「人爲」。用現代的話來說，就是「創造」的意思。這就是說：人性本來是沒有價值的，經過人爲的創造，才產生了善的價值。把自然狀態的「事實」，變作一種善的「價值」，這個中間的歷程，就是教育。這種教育的內容，照荀子的見解來說，就是學禮。

關於田培林上述的見解，賈馥茗（1976：14）有以下的詮釋：

荀子主張藉由學禮來化性起僞。田培林不反對人性惡的說法，是本諸荀子所說性惡的本旨，在貪得物慾方面，從價值上衡量，委實不能強說是善。田先生的這個觀點，表現了誠懇的態度，不諱言人性的弱點；另一方面，也建立了對教育的積極信念，和對教育功能的無限希望。因按照荀子的說法，惟其因爲人性有貪慾的弱點，才要靠教育來伸張禮義之教，免除惡性，而建立善性。爲人建立善性，依田培林的教育思想來說，便是建立有價值的人格，也就是文化創造。

其實，「性惡說」在人性論的發展留下了大膽的一頁，主張用教育的力量來改善人類的惡性。換言之，荀子的教育理念是將無價值的轉化為有價值的，很合乎教育原理，此正是德國文化學派所主張的教育思想（鄧玉祥，1976）。再者，正因為人性有改善的可能性，所以突顯出教育的可能性，並顯現人被教育的可能性。故，教育對於人性的發展有其著力之處。

（三）佛法

毫無疑問，田培林是一位無神論者，不信奉任何宗教。可是田培林不但不反對宗教，且對信教的朋友皆心存敬意，因其認為宗教基於信仰，是一種純摯的情感，不能以理性或科學妄加解釋或批判。田培林曾數次舉例說明，自然科學家較諸人文和社會科學的學者，易於虔信宗教。因宇宙奧秘，有很多非常人智慧所能揭開。田培林個人對佛學有過研究，曾自稱中年時一度對佛學入迷，認為學哲學的人不讀佛經，就如同我國讀書人不讀《論語》、《孟子》一樣（田培林，1995；郭為藩，1976）。在〈佛法精神與教育〉一文，田培林（1995：193）剴切指出：

> 佛法是要使悲觀變爲樂觀，把消極化爲積極，一切由人自己而爲，它的輪迴轉化，其實是給予人類一個永恆的信心，導使人類不屈不撓以迄成功，這種以世界的永恆來代替世界末日的精神，的確不是其他宗教所能及的。而我們中國有些人一向相信人性是善的，而佛法是主張性善論，與中國傳統思想很符合，所以傳入中國後，便成爲中國的宗教，這種以性善代性惡的觀點，也是佛法特殊精神之一。

佛法的「人人皆可成佛」精神，認為人人皆有佛性，人人皆可成佛，也就是人人皆可以教育到止於至善的境地。教育的普及，靠改造精神，而且能使之青出於藍，使一代一代不絕的傳衍下去，一代比一代優越，為生民立命，為天地立心，為往聖繼絕學，為萬世開太平。所以佛法精神，更為我們學教育的人所必須體認（田培林，1995）。

（四）Spranger

文化主義的教育思想發生在德國，其主要的代表人物為 Spranger。Spranger 肄業於柏林大學時，嘗受業於 F. Paulsen (1846-1908) 及 W. Dilthey（1833-1911）（歐陽教，1995：160）。田培林（1995：44）指出：

> Spranger 於 1909 年獲得柏林大學教書的資格，當時只有二十八歲，後來到了萊比錫（Leipzig），因教學與著作聞名。1920 年又被柏林大學聘爲教授，在此終其一生，曾數任柏林大學校長。1944 年 7 月 20 日，德國發生政變，反對 Adolf Hitler，Spranger 被捕下獄，得日本大島之助而獲釋，教授職務因被革除。後來又因爲各方的請求而復任教職，再當選校長。盟軍入柏林後，美軍逮捕 Spranger 入獄，又經釋放至美，在哥倫比亞大學教授比較（歐美）教育，戰後才又回至柏林任教。

Spranger 是田培林最敬仰的教授，曾屢次選讀他所開授的課程（王文俊，1976：25）。王文俊（1976：25）回憶述及：

> 田培林和我都參加過 Spranger 的討論課（Seminar 亦可譯作研討課，德國大學平時無考試，學生的學力只有在討論課中表現）。我們表現不差，尤其田培林的表現優異。同時，Spranger 知道田培林在國內大學任過教，所以對田培林十分客氣。

田培林所得自於 Spranger 的很多，依賈馥茗（1976：15-16）的見解，最明顯的有以下三項：

> 第一、Spranger 的文化哲學，深深影響田培林。Spranger 以爲文化是精神的創造，從 Aristotle 以來，在造物者和造物之間有了分別：一種是純粹的造物者，本身原自有他的存在；一種是造物，也就是被創造者，本身沒有創造的能力，只待被創造後才存在。還有一種是兼造物者和造物兩種性質，本身是被創造的，可是也能夠創造。從文化哲學來看，人便是第三種，因爲人能夠創造文化，又能在生理的生命以外，創造一個精神的生命。這一點和荀子由惡性而建立善性，頗有吻合之

處。第二，Spranger 的教育的愛，田培林接受並予以發揚。田培林說：「教育的愛便是愛創造的理想」。要爲沒有價值的自然人，創造文化價值。因而教育的愛沒有差等，凡是可以有所創造而產生價值的，便是愛的對象。第三、Spranger 的研究態度和對研究方法的運用。Spranger 被列哲學家之林，然其研究態度卻是科學的。例如 Spranger 所著《青年心理學》，是在柏林取樣而得的資料，所以他明白的指出，其所陳述的青年心理，只代表柏林某一地區，某個年齡階段的男青年或女青年，Spranger 承認對人的研究，無法像科學研究般，得到普遍原則；更不肯只根據一個地區的少數樣本，來以偏概全。Spranger 以科學態度處理研究資料，報告結果，卻不妄自認爲是科學，才是眞正的哲學家所應有的科學態度。

二、思想的哲學觀點－創造的道德義務觀

在〈自由與平等〉一講裡，田培林（1995：153）論述對「自由」一詞的看法，有以下見解：

> 人的生活，除「自然環境」外，還有「文化環境」。在自然環境中，人的活動自然不免要受到若干限制，有「生」就有「死」，不就是一種不能逃避的命運麼？但是人之所以爲人，乃是由於人有創造文化的慾望和能力。同是人類，而可以創造出來一些不同的民族文化，還能說人不能自由麼？所以我們可以說，在自然環境人類是要受因果律的支配，處於被動的地位，沒有什麼自由；可是在文化環境中，人類卻是創造一切文化的主人，有創造的自由，有良心的自由，有道德的自由。

對於田培林上述見解，賈馥茗（1976：20-21）有以下的詮釋：

> 田培林肯定人有創造的力量，這種力量表現在人文及科學的成就上。觀念是人創造的，事物也是人創造的。前者是文化學派所說的精神價值，後者見於科學文明。就田培林所解釋的「文化哲學」來看，個體是一主觀的生命，這個主觀的生命寄存於生理的身體，如果只是生命的維持，便只能算是一個自然人，沒有價值。必須再進一步，除生命之外，還要有精神，有了精神才有價值，才能稱爲生活。生命和生活二者合起來，才算是人生。這裡所說的精神價值是客觀的，客觀和主觀兩者交互作用，使主觀的生命得到進展，以至於完成。到了完成的階段，便是創造 。

依循上述說法來看創造的歷程，是主觀的心靈受到客觀精神（文化材）的陶冶，使客觀的精神體系更為生動，而得到進展。進展的結果，是主觀之內摻入了客觀的成分，不但主觀得以發展，客觀也有了進展。因居中間的主客合成體，就主觀的方面來說，是有了增益；就客觀的方面來說，是有了變化，而這變化，是進步的、增廣的，是主客二者由化合而產生新的生成，即是創造。到此時，二者不是混合，也不再把主客兩者，視為各自獨立的，主客二者化合的結果，即是創造（賈馥茗，1976）。茲將創造的歷程以圖 1 表示如下：

（主觀的生命）人 → 主客合成體 ← 文化材（客觀的精神）

增益 ↓ 進步

創造

（新的生成）

圖 1：創造的歷程

（資料來源：施宜煌，2001a：61）

整個創造的歷程即是「教育愛」的展現，此即田培林愛創造的理想，教師應幫助沒有價值的自然人，一個原來與動物無殊、毫無價值的自然人，助其創造文化價值，使其變成與動物有所差別，成為有價值的人。這個有價值的人，便是具有人格的人。因而教育的工作，便是一項創造的工作，所以這又何嘗不是一種「教育愛」的展現。其實，田培林所言「教育的愛」，乃不計被愛者價值的高低，反而從低價值入手，使其變為具有高價值。所以，「教育的愛」是創造的愛，使學生從沒有價值成為有價值，教育工作就是創造的工作（田培林，1995）。

進一步說，創造是一種道德義務，是從文化價值來說。這裏應該引申一下，田培林認為人本就有創造慾，和求知慾並列，是人的兩種慾望。如果說人本就有創造慾，那麼創造慾就近似本能，是一種原始的衝動。從文化的發生和進展來看，這樣說也不無道理，這裡稱之為道德義務是印證德哲 Immanuel Kant（1724–1804）的觀點（賈馥茗，1976）。誠如人們所知，一般談論道德可以分為兩個範疇：其一為「先驗的道德」，論及先驗的道德，應追溯至 Plato 對「正義」（justice）的解釋，Plato 認為「正義」是一種德性，而且每個人都有責任（duty）及需要（necessity）去實踐「正義」這種德性，此種觀點後來影響了十八世紀的 Kant 提出先驗的道德，先驗的道德是無上命令的、義務的，猶如 Plato 所要尋找的普遍德性。因此，先驗的道德是不會隨著情境不同，而有不同的道德標準；其二為「世俗的道德」，即現象世界的道德。現象世界的道德可能因為情境不同，而有不同的道德標準，此也就是 Aristotle 所主張之分殊的德性。[2]

---

[2] 此觀點啟蒙於 2000 年筆者旁聽林玉体教授於臺灣師範大學教育研究所博士班所開授之《教育名著批判》課程。筆者將老師上課講述內容加以記錄，作了文字上的修飾，並融入筆者的見解。感謝林玉体老師的教導。

若 Kant 所言「先驗的道德」可以成立，人有理性的道德義務，縱然創造慾是本能的，則發展這種本能便是後天必須的、應該的。用如此說法，無論對個人，或對群體，以至從教育立場上看，都蘊涵雙重的意義（賈馥茗，1976：22）。由此可知，田培林希望教師能竭力開展其創造慾，幫助學生助其創造價值的創造慾，且認為這種創造慾的發展是一種道德義務的行為。只要為人師者，就有責任（duty）及需要（necessity）去發展並踐履此種道德義務的行為。

誠如我國《易經》繫辭所言：「天地之大德曰生」。天地生育及化育萬物，是天地最大的功德。而「生」是善的，「生」是一種喜悅，如嬰兒出生大家都會深感高興，尤其對於長久渴望有個小孩的夫婦，小孩的出生對他們而言是喜悅的。人的第一個生命是父母所給予的，而田培林說：「教育是助人創造其第二生命的工作」（施宜煌，2001b）。嬰兒剛出生時，可以說與動物毫無殊異，似乎是一毫無價值的自然人（第一個生命），隨著年歲的增長，經由教育，幫助其創造成為有價值的文化人（第二個生命）。教師幫助學生，助其成為有價值的人，正是一種道德的行為。因而，《易經》所言：「天地之大德曰生」。這個「生」是一種創造的歷程，並且此種創造萬物的歷程是道德的，且能生生不息，成為一種創造的道德義務行為。

我國自古以來，所謂天地君親師並列，將教師的位格與天地的位格並列。而教師在教育學生，猶如與天地生育及化育萬物的精神一致。故就教育言，教師教育學生，助其創造文化價值、精神價值與道德價值，也是一種創造的道德義務行為。是以，教師應盡己之能發揮其創造慾的本能，不單是為自己創造了一個精神的生命，也應幫助學生，助其創造一個精神的生命。讓師生間的生命經由「教育愛」的實踐，彼此的生命相互融攝及創生，此即禪宗「以心印心」，以覺醒的生命引導生命，而能化混沌之情、原天地之美，成就生命的道德主體。至此，即完成「人格教育」。

總的來說，教育是一種「教人成人」的活動，教師要教育學生成為一位什麼樣的人呢？至少要成為一位像「人」的人，也就是要成為一位具有「人格」的人。佛陀曰：「人格成，佛格就成」。故一位具有「人格」的生命個體，必定富有儒家的仁、義、禮、智、信等美德，佛家的慈悲心，而能覺省自我生命的價值及意義，也能幫助別人助其覺醒生命的價值及意義。若此，人類的文化就能一代傳一代，文化就能不斷繁殖及綿延、推陳出新。

參、教師圖像的內涵

在探知田培林思想中教師圖像的哲學基礎後，筆者將進一步探析田培林思想衍伸的教師圖像，以了解其內涵。茲探究如下：

一、教師應相信人的可教育性

在〈論教育與文化〉一文裡，田培林（1959：3）給「教育」下個定義：

> 教育是一種人類之間，相互影響的活動，透過這種影響，可能使人類的思想、行爲發生一些改變。這種情況，尤其在兒童與成人或下一代與上一代之間，表現得更爲明白。所以，我們可以說，教育活動乃是存在人與人之間的一種影響作用。

從上述可知，田培林認為教育是存在於人之間的活動。存在於上一代（教師）與下一代（學生）間的活動。受到荀子「化性起偽」思想與佛法「人人皆可成佛」精神的影響，田培林相信人性改善的可能性，相信惡性可轉化為善性，此即價值創造。再者，「人人皆可成佛」精神，相信人人皆可教育到止於至善，人可以從不好變為更好的境地，此一觀點正凸顯出人的可教育性（田培林，1995）。故為人師者，應相信學生的可教育性，學生是可以教育到止於至善的境界，教師不能隨意放棄任何一位學生，要把每一位學生帶上來，讓他們對於未來心懷希望。

二、教師應認知教育是一項創造的工作

田培林認為教育的本質，無論就狹義或廣義的解釋來看，都是一種外來的影響力量。而且這種影響的力量，乃是存在於主觀和外在的客觀兩方面之間。自外而來的一種影響力量，使主觀接受之後，在知識、經驗或行為之中有所改變，才可稱為「教育」。在原始的教育活動中，是上一代的人無意的，或者可以說是無計劃的來影響下一代的人。俟學校教育制度建立之後，擔負推進教育工作的人，乃是受過專業教育的成年，這就是一般所謂的教師（田培林，1995）。以教師而言，教師應認知教育是一項創造的工作。

承受荀子「化性起偽」思想的影響，田培林認為荀子的「化性起偽」是一種創造的歷程（田培林，1995），若從教育的觀點言，即是運用教育的力量去幫助學生，助其改變人性中的惡性；幫助學生，助其創造價值。這種教育觀點很合乎德國文化學派所積極主張的教育思想。所以，教育本就是創造的歷程。在這個歷程裡，學生由自然狀態提升至文化境界，由無知蛻變為有知，由受自然控制的被動狀態，到了自由自主的精神作用狀態，而且達到可以自行創造的境地。這個歷程，用大自然現象來說，是

由萌芽、生長到開花結實的歷程；在教育實際裡，則是心靈擴展，精神實現，價值創造的歷程（賈馥茗，1976）。故教育是一項創造的工作，為人師者有責任（duty）及需要（necessity）去踐履此種道德義務的行為－幫助學生助其創造價值，此是教師的精神內涵。

三、教師應體悟教育是一項忘我無我的工作

在〈逍遙遊〉一篇，莊子曾言：「若夫乘天地之正，而御六氣之辯，以遊無窮者，彼且惡乎待哉！故曰：至人無己，神人無功，聖人無名」。本段文字是莊子在肯定「無所待」及「逍遙遊」之間的關係，莊子認為只有「無己的至人」（忘掉一切）、「無功的神人」（不追求功）、「無名的聖人」（不追求名）能順乎萬物的常性，掌握六氣[3]的變化，在無窮的時空中，自由自在的遨遊，也正因為「無所待」，而能獲得精神自由。老子「生而不有，為而不恃，功成而弗居」的思想，展現不追求功、不追求名、忘掉一切的精神，與前述莊子「無所待」的思想頗有吻合之處。

受到老子「生而不有，為而不恃，功成而弗居」思想的影響，田培林言：「教育是為『人』的工作，到了忘我無我的境界，教育者才能與歷史文化合成一體」（引自賈馥茗，1976：66）。教師心存忘我無我之心來教育學生，為缺少價值的自然人，助其創造文化價值，使其成為有價值的人。當學生有所成就時，卻不佔為己有，不居功，不貪圖名利。不奢求學生回報，而是希望學生可以為整體人類謀福利，助其創造價值，使人們成為有價值的人。如此，才能傳遞、繁殖及創造文化，進而使人類文化呈現合理多元的樣貌（歐陽教、施宜煌，2006）。言下之意，教師應體悟教育是一項忘我無我的工作。

---

3 六氣是指陰、陽、風、雨、晦、明。

四、教師應實踐教育愛

回到具體的教學實踐脈絡來說，教育愛的知覺使教師覺知到學生價值發展的潛能－最佳發展的可能性，這是教學行動中所負載價值的主要源頭（林建福，2004：97）。巴西教育思想家 Freire（1997）述及：「教師的教學是專業性的活動，而在此教學活動中教師需要有愛學生的能力」。有此能力，才能導引學生向上向善發展。基此，當可觀知「教育愛」對於教師教育實踐的重要性。而對於教育愛精神意涵的詮釋，田培林有其精心獨到的理論基礎，並躬身實踐（施宜煌、歐陽教，2010）。關於「教育愛」，田培林（1975：13）指出：

> 教育工作者具備了「教育之愛」，教育的效率才能提高。在教育史上，一些偉大的教育家，放棄世俗的名利，終身從事有關教育的工作，就是他們的人格中，充滿了「教育之愛」。這些具有「教育之愛」的教育家，在精神方面，已得了永恆和不朽。

田培林在《教育史》一書和後來的講演，似乎對「教育的愛」的觀念，還沒詮釋得滿意（賈馥茗，1976）。對此，賈馥茗（1976：20-21）敘述：

> 我曾以「教育之愛」爲題，作過幾次講演，後來的一篇講演曾由主辦單位記錄刊載，田先生自然看過，因而時常和我討論這個問題。說「教育的愛」是「愛理想」，是從教育目的和教育功能而說的。教育是要使原來毫無價值的、自然的學生，成爲有價值、又能創造價值的人。因此，教育理想，是創造的實現：一方面是創造有價值的人格，這可以說是屬於個體的成就；一方面是創造更高的文化，這是全體人類的成就。文化創造層遞而上，有一個永無止境的最高目的，這就是《大

> 學》所說的「至善」境界，因而這理想也是一個無限的最高目的。「教育的愛」就是愛這個目的，對這個鵠的的企盼和趨向，便產生了要達到這個目的的行動。或用比較現實的話說，這個可愛的對象，是一個引人入勝，進步不已，無限美好的遠景。每達到一個接近這美景的地步，便可在實際中看到學生的成長。

綜言之，此「愛理想」的「理想」，即是經由「教育愛」來完成，而這個「理想」不僅學生成就自我（亦即小我），而且也成就了他人（亦即大我）。所以，「教育的愛」之理想無論是對於個體或群體，都在企求一個永無止境的最高目的－「至善」的境界，更以此為基礎而使人類文化不斷創造及延續。而在富有「教育愛」的教育歷程，學生之心靈及精神可以多元地開展。當師生能在「教育愛」的精神領域中激起心理共鳴時，教育活動也才能洋溢美感的節奏。故，教師應實踐教育愛。

肆、結 語

亙古以來，我國教師在人類社會裡處崇高地位，有所謂「天地君親師」之稱。天地生育、化育萬物，是那麼地無私，而為人師者是否也應效法天地創造萬物的無私之心，在化育學生助其創造價值時是否也應心存無私之心。但，揆諸事實似乎並非如此。無可置否，有些教師還是默默地實踐「教育愛」。然，就是有教師不知自愛，也不知什麼是「教育愛」，在其身上尋找不到一絲「教育愛」的特質，使整個教育活動乏人味兒。例如有些國中教師在自己家裡開設補習班，卻反在學校不認真教學，並將課程的重要概念在自己的補習班裡教授，然後學校考試是考一些在其補習班所教的重點。如此作為，只是扼殺教育發展的生機，並無為學生帶來希望。

徵諸事實，教育不似拍攝電影，導演若深覺拍攝不盡理想，可再重新拍攝，直至感到滿意為止。然教育的對象是持續生長、不斷發展的生命個體。學生的身心無時不在產生變化，教育若是失敗，絕無法再還原至原初的情境，重新再來，且蒙受最大傷害的將是學生。故《禮記》〈學記〉言：「當其可之謂時」，意指教育應是能符合學生的身心發展，在適當的時機給予適當的教育（施宜煌，2001）。

關於教育，田培林認為教育是一項創造的工作，「教育的愛」是創造價值的方法，也就是延續和創造文化的手段，保存文化的倉庫，所以教育本身就是文化。中國的文化觀念中，以為頂天立地者必須能繼往開來，應該用「教育的愛」為動力，以培養頂天立地的「人格」（田培林，1995：53）。可以說教育是把學生複雜的個性加以塑造，把個性加以修正，改造為人格。將無意義、無價值的個性，創造為有意義、有價值的人格（田培林、黃光雄筆記，1956）。而創造人格的方法，是「教育的愛」。由上論述，更能讓人們體悟「教育的愛」在整個教育實踐的重要性。

總的來說，教育不只是規範性的志業（normative enterprise）（Carr, 2000:168），也是道德的志業、良心的志業，故為人師者應秉持著愛心、良心，秉持著正確合理的教育認知，如履薄冰、如臨深淵地從事教育工作，把教育視為一生的志業。然要實現上述的教育理想，應讓現場教師了解教師圖像為何？而關於教師圖像的探討，為臺灣當前教育研究者所重視，諸多學者紛紛從一些哲學家的思想中探尋教師圖像為何？試圖瞭解教師的精神內涵？本文即在上述的思考意義下，探析田培林思想衍伸的教師圖像，俾利教師圖像的彩繪，進而掘發出教師的精神內涵為：教師應相信人的可教育性、認知教育是一項創造的工作、體悟教育是一項忘我無我的工作、實踐教育愛。希冀上述探討，俾利教師圖像的發展，並對臺灣當前的教育發展可以提供一些啟示。

參考文獻

丁如嬋（2009）。**與天使角力－我與兩位教師閱讀教育電影中教師圖像之歷程研究**。國立中正大學教育研究所碩士論文，未出版，嘉義縣。

王文俊（1976）。敬悼我國文化教育學導師田培林博士。載於中國教育學會、師大教育研究所（主編），**田故教授伯蒼先生紀念文集**（頁 22-28）。臺北市：中國教育學會、師大教育研究所。

田培林、黃光雄筆記（1956）。**教育概論上課筆記**。未出版。

田培林（1959）。論教育與文化。**臺灣教育輔導月刊**，9（1），3-6。

田培林（1975）。**教育史**。臺北市：正中。

田培林（1995）。**教育與文化**。臺北市：五南。

伍振鷟（1995）。人性問題與教育。載於伍振鷟（主編），**教育哲學**（頁 75-92）。臺北市：師大書苑。

朱啟華（2006）。論愛心或耐心作為教師的基本態度。**教育科學期刊**，6（1），1-16。

沈亦珍（1960）。師範教育問題。**教育與文化**，244，11-13。

林建福（2004）。愛、知覺與教學－教育愛在教學上的展現。載於張建成（主編），**文化、人格與教育**（頁 66-102）。臺北市：心理。

林清江（1976）。「教育之愛」的解釋者。載於中國教育學會、師大教育研究所（主編），**田故教授伯蒼先生紀念文集**（頁 98-102）。臺北市：中國教育學會、師大教育研究所。

林逢祺、洪仁進（2008）。序。載於林逢祺、洪仁進（主編），**教師哲學：哲學中的教師圖像**（頁序 1- 序 2）。臺北市：五南。

洪玉君（2005）。**Freire 與 Noddings 對話教學論及教師圖像之探究**。國立中正大學教育研究所碩士論文，未出版，嘉義縣。

施宜煌（2001a）。**田培林教育思想及其教育學術事業**。國立臺灣師範大學教育學系碩士論文，未出版，臺北市。

施宜煌（2001b）。教室裡的春天－建構良好師生關係的策略：哈伯馬斯溝通行動理論的探析。載於財團法人國立臺南師範學院校務發展文教基金會、臺灣教育社會學學會（主編），**九年一貫課程與教育改革議題－教育社會學取向的分析**（頁 239-255）。高雄市：復文。

施宜煌（2001c）。生命的開展:〈學記〉中幼兒教育原理的詮釋與應用。**國教輔導**，40（3），7-12。

施宜煌、歐陽教（2010）。田培林與臺灣師範大學教育研究所的早期發展（1954-1975）。**教育研究集刊**，56（4），27-58。

郭為藩（1976）。懷念伯蒼恩師。載於中國教育學會、師大教育研究所（主編），**田故教授伯蒼先生紀念文集**（頁 81-86）。臺北市：中國教育學會、師大教育研究所。

賈馥茗（1976）。田培林先生的教育思想簡述。載於賈馥茗、黃昆輝（主編），**教育論叢**（二）（頁 1-46）。臺北市：文景。

賈馥茗（2004）。**教育倫理學**。臺北市：五南。

賈馥茗（2007）。師資培育漫談。**教育研究與發展**，3（1），1-20。

賈馥茗（2008）。培根哲學中的教師圖像。載於林逢祺、洪仁進（主編），**教師哲學：哲學中的教師圖像**（頁 289-302）。臺北市：五南。

鄧玉祥（1976）。無盡的哀思永恆的感念－悼念田師伯蒼先生。載於中國教育學會、師大教育研究所（主編），**田故教授伯蒼先生紀念文集**（頁 67-71）。臺北市：中國教育學會、師大教育研究所。

劉真（1955）。一年來的師範教育。**教育與文化**，6（5），5-7。

劉真（1987）。臺灣師大校訓「誠正勤樸」釋義。載於李建興（主編），**教育家的畫像**（頁 197-200）。臺中縣：明道。

潘慧玲（2000）。性別視域的教師生涯。載於潘慧玲（主編），**教育議題的性別視野**（頁 197-200）。臺北市：國立臺灣師範大學。

歐陽教（1995）。西洋現代教育思潮批判。載於伍振鷟（主編），**教育哲學**（頁 151-206）。臺北市：師大書苑。

歐陽教、施宜煌（2006）。老師的老師－田培林。載於國立教育資料館（主編），**臺灣教育人物誌**（頁 18-36）。臺北市：國立教育資料館。

謝雅如（2009）。賈馥茗思想中的教師圖像。**教育科學期刊**，8（2），55-70。

Carr, D. (2000). *Professionalism and ethics in teaching*. London: Routledge.

Freire, P. (1997). *Education for critical consciousness*. New York: The Continuum.

國民小學實習輔導教師認證相關問題之研究

陳慧芬

國立臺中教育大學教育學系 副教授

摘　要

本研究旨在調查國民小學實習輔導教師認證相關問題之意見，採問卷調查法，以自編之「國民小學實習輔導教師制度實施意見問卷」，針對臺中教育大學 2009 學年度第一學期在中部地區之新制實習生實習學校的 96 位教務（教導）主任與 199 位實習輔導老師，進行普查。總計發出問卷 295 份，回收問卷 285 份，可用問卷 281 份，可用率 95.25%。所得資料經統計分析，針對實習輔導教師認證之負責單位與成員、資料項目、程序、意願與影響因素、申請項目、有效期限、成果報告繳交、期望補助項目、獎勵活動辦理、實施之困難、實施之配套需求、預期效益等問題，綜成研究結論，並據以提出建議，以供主管教育行政單位、師資培育大學及實習學校落實實習輔導教師認證計畫與提升教育實習品質之參考。

關鍵字：實習輔導教師　認證　國民小學

壹、研究背景與目的

回顧我國師資培育與教育實習相關法規之沿革，依據教育部 1979 年制定之「師範教育法」及 1982 年修正之「師範校院學生實習辦法」，師專學生結業後須於小學實習一年成績及格後方予畢業；其實習內容包括教學及行政實習。但此時期之實習有名無實，實習學校既無安排發揮實質輔導功能之人員，結業實習教師之工作與薪資亦無異於正式合格教師，師資養成中之教育實習制度純屬形式。

1994 年「師資培育法」公布實施後，我國師資培育政策從一元化、計畫性、分發制，改為多元化、儲備性、甄選制，期能更提升師資養成基本素質與專業素養（教育部，2006，2009a）。1995 年訂定「高級中等學校以下及幼稚園教師資格檢定及教育實習辦法」，教育實習的功能與位階至此時期方漸獲得肯定與提升。其明確規定修畢師資職前課程者，經初檢合格取得實習教師資格後，須經一年實習再經複檢合格，方取得正式教師資格。實習期間則由師資培育機構之實習指導教師與教育實習機構之實習輔導老師，透過多元方式共同輔導實習教師，實習輔導工作亦自此凸顯其重要性。其後「師資培育法」歷經 6 次修正，尤以 2002 年之修正及隨之在 2003 年修訂之「師資培育法施行細則」具較重大變革，除明定教育實習為師資職前教育課程之一環，並將一年實習縮短為半年、取消教育實習津貼、實習生繳交四學分的教育實習輔導費、廢除初複檢制改採教師資格檢定考試機制等。

師資培育制度變革雖為教師教育呈現嶄新風貌，卻也帶來嚴峻挑戰，教育部遂於 2005 年公布四年期程之「師資培育素質提升方案」，其中方案四即強調增強教育實習效能，期達成提升教育實習品質、鼓勵資深優良教師投入教育實習輔導工作、規劃建立優質教育實習機構制度等目標（教育部，2006，2009a）。2008 年 3 月並委託清華大學進行師資培育法修法研究，其中包括建立實習學校與實習輔導教師認證與獎勵機制重點（教育部，2009b）。2008 年 8 月又委託中山大學執行「優質教育實習機構及輔導教師認證、獎勵制度計畫」，在成果報告中對優質教育實習機構與實習輔導教師的認證指標與相關辦法提出具體規畫（蔡清華，2009）。2009 年教育部續提出「中小學教師素質提升方案」四年期程，其中層面一「精進師資培育制度」之實習重點，又強調完備教育實習制度與精進教育實習內涵等執行策略（教育部，2009a）。

由前述政策方案內容可見教育實習制度在師資培育中的重要地位，若能循序試辦落實，將是我國師資培育之一大突破與進步。教育實習階段乃協助實習生由理論知識過渡到實務現場、尋求統合應用之重要歷程，不論法規如何修訂，教育實習機構提供的環境和實習輔導教師扮演的角色，對實習品質永遠有著關鍵性的影響。尤其目前實習輔導教師和實習生在教育現場中的師徒制型態，實習輔導教師發揮了社會支持、職涯發展及角色楷模的重要功能（陳靜儀，2007），但卻也存在著擔任意願不高、欠缺培養訓練、輔導知能不足、缺乏報酬誘因、實習評量困難等問題，有待持續改善。目前教育部已補助師培大學辦理優質教育實習機構之遴選（教育部，2009c），但作為優質教育實習機構發揮教育實習功能基礎要件之優質實習輔導教師相關認證事宜，卻尚未定案與實施，備受各方關注。

基於上述研究背景與重要性，本研究探討國民小學實習輔導教師認證之相關問題，包括認證負責單位與成員、認證資料項目、認證程序與審查方式、認證申請意願與項目、認證證明書效期、認證教師補助、成果報告繳交與內容、獎勵的辦理，以及認證計畫實施之困難、配套措施需求、預期效益等。期能了解教育實習現場實際擔任實習輔導工作的主任與教師的看法與心聲，以供主管教育行政單位、師培大學及實習學校落實教育實習制度並提升教育實習效能之參考。

貳、文獻探討

實習輔導教師認證計畫的重要性與依據、規劃內容與執行狀況及相關研究，探討如下：

一、實習輔導教師認證計畫的重要性與依據

教育部 2005 年頒定之「師資培育之大學辦理教育實習作業原則」，規範實習輔導教師由教育實習機構遴選，薦送師資培育之大學。實習輔導教師應具備下列條件： 1. 有能力輔導實習學生者；2. 有意願輔導實習學生者；3. 具有教學三年以上之經驗者。此等規範只算是基本條件，並未制定具體遴選規準或能力指標，而我國迄今亦無實習輔導教師之系統性培訓辦法，因此可謂實習輔導教師的遴選純由實習學校認定。雖然多數學校會推薦經驗豐富表現優良之教師，但礙於教師擔任實習輔導工作之意願不高，有時難以勉強或需透過請託，亦有所聽聞學校視實習生為補充人力予以分配；而實習學校實習輔導小組之運作與實習輔導計畫之執行程度，亦因校而異。目前「師資培育法」已朝實習生先通過教師檢定再參加教育實習研議修法（教育部，2009b），未來實習生數量將會減少，而實習輔導教師乃實習生現場歷練階段相處時間最久、影響最為深刻之靈魂人物，為保障全國實習生實習品質之廣度與深度，實習輔導教師認證計畫之實施即益顯其要。

早在2004年教育部即呼應各界對師資培育改革的期望，委託中華民國師範教育學會研究小組，依師資培育法五大層面之專業規範，研擬具體策略和行動方案，提出「師資培育政策建議書」。教育部再據此研擬可行之方案內容，並召開說明會加入全國教師會、家長團體聯盟及地方政府代表之意見，經師資培育審議委員會審議通過後，完成「師資培育素質提升方案」，針對師資培育的五大層面訂定九項行動方案，期促成師資培育之專業化、優質化及卓越化。其中方案四為增強教育實習效能，實施重點包括強化教育實習三聯關係、建立實習輔導教師證照制度、研擬並推動教育實習績優三獎、規劃建立專業發展學校（優質教育實習機構）制度……等（教育部，2006）。依據方案具體作為之規劃，「研擬並推動實習輔導教師認證及訓練計畫」遂成為目前實習輔導教師認證之依據，與「研擬並實施教育實習機構成為專業發展學校認證機制」關係密切並整體配套考量。2009年教育部補強與調整前方案，提出「中小學教師素質提升方案」四年期程。其「精進師資培育制度」層面亦強調完備教育實習制度，具體作為中持續規劃優質教育實習機構及實習輔導教師認證制度並推動相關獎勵機制（教育部，2009a）。而教育部已委託清華大學進行師資培育法修法研究，其重點亦包括建立實習學校與實習輔導教師認證與獎勵機制（教育部，2009b），未來若修正通過，將成為實習輔導教師認證之正式法源。至於實習學校與實習輔導教師認證之實施辦法，教育部則於2008年委託中山大學執行「優質教育實習機構及輔導教師認證、獎勵制度計畫」研究（蔡清華，2009），本研究即是以其成果報告中實習輔導教師認證之相關規劃作為問卷調查內容之主要依據。

二、實習輔導教師認證計畫的規劃內容與執行狀況

依據「優質教育實習機構及輔導教師認證、獎勵制度計畫成果報告」（蔡清華，2009），未來教育實習機構必須具有一定數量通過認證之實習輔

導教師，方可能被認證為優質教育實習機構，未通過認證則不能擔任實習生輔導工作。實習輔導教師遴選辦法的規劃重點如下：

（一）**目的：**透過認證指標，遴選優質教育實習輔導教師，以提升教育實習品質。

（二）**對象：**全國各公、私立高級中等以下學校（含幼稚園與特殊學校）之教師。

（三）**認證單位與成員：**全國分成北基宜（含金馬）、桃竹苗、中彰投、雲嘉南、高高屏（含澎湖）、花東等六區域，各區域之主管教育行政機關、師資培育機構及中小學學校代表共同組成「教育實習輔導策略聯盟」，並設立認證小組。

（四）**認證方式：**採取「教學實習」、「導師實習」、「行政實習」等分別認證，教師申請認證時至少申請其中一項即可。但建議幼教與國小教師同時申請「教學實習」與「導師實習」等兩項認證。

（五）**認證項目：**包含 1. 教育實習輔導理念；2. 服務熱忱；3. 教育實習輔導專業認知；4. 教學知能；5. 班級經營知能；6. 行政知能；7. 教育實習輔導計畫執行；8. 教育實習輔導成果等八大項，每個項目下包含相關認證指標，合計 36 個認證指標。前 3 項為各類認證之必要認證項目；認證「教學實習」、「導師實習」及「行政實習」輔導教師者，分別需提供項目 4、5、6 之檢核資料。未曾擔任輔導教師者不須提供項目 7、8 之相關檢核資料。

（六）**認證流程：**分初審與決審進行。

1. 初審：申請者應檢送認證項目相關資料，由認證小組進行書面審查，通過優質認證標準者參加決審。
2. 決審：由認證小組進行實地訪視。程序為：申請教師公開發表教育實習輔導理念、計畫、過程並展現成果，以及實地訪談與意見交換三部分，經認證小組評選後擇優呈教育部核定。

（七）**獎勵措施：**通過認證者由教育部頒予優質教育實習輔導教師證明書，並給予經費補助及相關獎勵。通過優質教育實習機構認證之學校可獲得經費補助，經費總額之至少百分之五十應用於實習輔導教師進行教育實習之相關津貼或減授鐘點費用。

（八）**認證期限：**認證作業每年辦理乙次。獲教育部核定為優質教育實習輔導教師者，有效期限為四年。

蔡清華（2009）研究小組原規劃優質教育實習機構與實習輔導教師認證資料各含八大項目之指標，但其後依諮詢會議及分區公聽會意見，簡化兩大類指標合併為「教育實習輔導理念與計畫」、「實習輔導教師素質」、「教育實習行政支援」、「教育實習輔導成效與檢核機制」等四大項目計 20 個指標，並成為教育部 2009 年 7 月修正發布之「教育部補助師資培育之大學落實教育實習輔導工作實施要點」中，優質教育實習機構之遴薦參考指標。

上述規劃中的實習輔導教師經費補助部分，已列入 2009 年「教育部補助師資培育之大學落實教育實習輔導工作實施要點」，通過教育部審查之優質教育實習機構可連續兩年獲經費補助，第一年為 25 萬元，次年通過考核者再補助 15 萬元，此經費總額之至少百分之五十應用於實習輔導教師進行教育實習相關津貼或減授鐘點費用（教育部，2009c）；但 2010 年 6 月修正此額度比例為百分之四十（教育部，2010a）。

不過，有關實習輔導教師「補助」與「獎勵」之概念似有待釐清。優質教育實習輔導教師證明書乃資格或身分的認可，其頒予雖有榮譽或肯定之意，實無關乎獎勵。為保障實習品質，未來教師若需通過認證方能擔任實習輔導工作，則經費補助應為全面性之常態配套，縱然具鼓勵作用，性質屬酬勞而非獎賞。若獎勵界定為表揚、肯定擔任實習輔導工作表現卓越之教師，而非不論實質成果人人有獎，方能凸顯獎勵之尊榮，真正產生典範功能。據此，「教育實習輔導教師卓越獎」為目前僅有的全國性實習輔導教師獎勵辦法。此獎為「教育部教育實習績優獎實施計畫」（2009 年度以前為「教育部教育實習績優獎評選及獎勵計畫」）的獎項之一，獎勵對象包括中等學校、國民小學、幼稚園及特殊教育教師；參選資格為擔任實習輔導教師至少三年，輔導實習生表現卓越，經師培大學及教育實習機構連署推薦；通過初審者可獲頒獎狀並建議主管教育行政機關核敘嘉獎兩次，通過複選者獲頒獎座、獎狀及五萬元等值禮品（券）或獎金；2009 年度預定複選獎勵名額 13 人，實際錄取 9 人，2010 年度預定名額仍為 13 名，實際錄取 12 人，並增加教育實習合作團體獎獎項 3 組（教育部，2009d，2009e，2010b，2010c）。

綜上所述，教育部已逐步試辦優質教育實習機構認證及補助制度，並依蔡清華（2009）之修正規劃訂定遴薦參考指標，然其內容係依實習學校作陳述，報告書終未針對實習輔導教師認證項目指標之修正做具體說明。而實習輔導教師之經費補助已透過對優質教育實習機構的補助經費支用規範加以保障，但在蔡清華成果報告中雖提及「相關獎勵」，實未具體規劃通過認證之實習輔導教師的獎勵方式。目前教育部已實施之「教育實習輔導教師卓越獎」甄選活動立意良好，不過實際參選狀況並不踴躍。因此，為健全教育實習制度，實習輔導教師的認證及獎勵機制仍有待後續配套規劃與落實。

三、實習輔導教師認證的相關文獻

有鑑於實習輔導教師影響教育實習品質之關鍵地位，多年來著眼於實習輔導教師遴選條件、培訓及獎勵方式或角色踐行等之個別探討為數可觀，亦提出諸多寶貴建議，但直接探究實習輔導教師認證問題者並不多見，對於整體配套與施行之規劃，以蔡清華（2009）之教育部委託研究報告最為具體詳盡。在認證項目指標方面需考量實習輔導教師角色職責與遴選條件，諸文獻提出之遴選標準分類名稱雖不全然一致，其實重要素養內涵差異不大（李惠婷，2006；高薰芳、王慧鈴，2000；陳怡君，2005；蔡秉倫，1998；謝文英、胡悅倫，1996），歸納為專業背景與資歷（如：合格教師、教學年資）、人格特質與態度（如：熱忱、意願）、課程教學知能（如：課程設計、教學方法）、行政及導師知能（如：行政處理、班級經營）、教育實習輔導知能（如：輔導技巧、人際溝通）、教師專業發展知能（如：主動反省、追求成長）等類別，應無太大爭議。但其所含括之特質、態度和知能「如何」進行客觀的資料檢核、認證程序等細部做法，極少有研究著墨。張德銳（1996）曾建議委由實習學校教評會採書面審查、晤談及實地觀察等方式甄選實習輔導教師，具合乎現實與簡便之優點，但日後若欲建立實習輔導教師認證制度，則有待研議。依據蔡清華研究報告之規劃，實習輔導教師認證八大項目指標已含括國內外文獻之重要遴選規準；認證程序則分初審書面審查與決審公開發表、實地訪視及意見交換等兩階段進行，只是實習現場教育人員對此些做法之意見傾向仍有待探討。此外，相關文獻多將誘因、補助、回饋、報酬、績優獎勵等統稱獎勵加以探究，並已顯現對實習輔導教師提供獎勵之共同期望（如：王嫣惠，1998；李惠婷，2006；陳利玲，2001；游純澤，2003），減授課節數、發給津貼或鐘點費、核給積分、敘獎、提供研習進修等都受到不同程度的認同（黃貴珠，2004）。

參、研究方法

本研究採問卷調查法，以臺中教育大學2009學年度第一學期在臺中市、臺中縣、彰化縣及南投縣等中部四縣市之新制實習生，所實習國民小學的教務（教導）主任與實習輔導教師為對象進行普查，了解研究對象對實習輔導教師認證相關問題的看法。研究工具為自編「國民小學實習輔導制度實施意見問卷」，依據蔡清華（2009）研究計畫成果報告之實習輔導教師認證相關規劃、研究者對國小教務主任與實習輔導教師之訪談結果及擔任教育實習課程之多年經驗，設計問卷初稿，再委請實習小學教務主任與實習輔導教師各 3 位，試填問卷並提供改進意見，修正後問卷除基本資料外，如前文所述認證相關問題計 17 題。

2009 學年度第一學期臺中教育大學總計有 196 位畢業生選擇在中部四縣市的 96 所公立國民小學參加新制教育實習。本研究於 2010 年 3 月寄發問卷商請 96 位教務（教導）主任與 199 位實習輔導教師填答，總計發出問卷 295 份，回收問卷 285 份，可用問卷 281 份，可用率 95.3%。本研究係進行普查，且回收問卷可用率甚高，故所得調查資料逕做次數、百分比之統計分析，以獲致研究結果。

肆、研究結果與討論

本研究依實習輔導教師認證相關問題，分別呈現研究結果並加以討論。以填答者勾選非常同意或同意者為傾向同意，而勾選非常不同意或不同意者為傾向不同意，比較其意見傾向。

一、認證負責單位

實習輔導教師認證負責單位的調查結果如表 1 所示。有 35.7% 的填答者贊同由教育部設立全國性之專責認證機構或單位，可能是填答者認為由中央單位負責較具公信力與全國一致性；其次為 26.0% 贊同由師資培育大學設立認證小組；有 22.4% 贊成由縣市教育局設立認證小組；而在蔡清華研究報告中規劃之「全國分區組成區域實習輔導策略聯盟設立認證小組」僅獲得 15.9% 的支持，可能是填答者較不了解組成區域實習輔導策略聯盟的用意與做法之故。

表 1　認證負責單位

認證單位層級	次數	百分比 (%)
教育部設立全國性專責認證機構或單位	99	35.7
全國分區組成區域實習輔導策略聯盟設立認證小組	44	15.9
縣市教育局設立認證小組	62	22.4
師資培育大學設立認證小組	72	26.0
合　計	277	100

二、認證單位成員

實習輔導教師認證負責單位應包含之成員調查結果如表 2 所示。按百分比由高至低依序為師資培育大學人員、中小學教師代表、中小學行政人員代表、教育行政機關人員。

表 2　認證單位成員（可複選）　N=281

認證單位或小組成員	次數	百分比 (%)
教育行政機關人員	204	72.9
師資培育大學人員	250	89.3
中小學行政人員代表	236	84.3
中小學教師代表	242	86.4
其他	3	1.1

三、認證資料項目

實習輔導教師認證資料項目的調查結果如表 3 所示。以所有實習輔導教師認證者皆適用的檢核資料項目比較，有 95.3% 和 94.3% 的填答者傾向同意「實習輔導專業知能」和「實習輔導理念」兩項檢核資料，「服務熱忱」項目相對較低，但仍有 90.0% 的人贊同，可能是服務熱忱較難藉書面資料具體呈現之故。而針對教學、導師、行政實習輔導教師認證所檢核的「課程與教學知能」、「班級經營知能」、「行政知能」等項資料，傾向同意百分比依序為 95.3%、96.0%、93.1%，均獲得高度認同。針對曾擔任實習輔導教師者適用之「實習輔導計畫執行」與「實習輔導成果」為 88.1%、83.8%，未達九成，接受度相對較低。

表 3　認證資料項目

認證資料項目	傾向同意 次數（百分比 %）	傾向不同意 次數（百分比 %）
實習輔導理念	263 (94.3)	16 (5.7)
服務熱忱	251 (90.0)	28 (10.0)
實習輔導專業知能	265 (95.3)	13 (4.7)
課程與教學知能	264 (95.3)	13 (4.7)
班級經營知能	267 (96.0)	11 (4.0)
行政知能	256 (93.1)	19 (6.9)
實習輔導計畫執行	244 (88.1)	33 (11.9)
實習輔導成果	222 (83.8)	43 (16.2)

四、認證程序與審查方式

實習輔導教師認證程序與審查方式的調查結果合併如表 4 所示。就認證程序採初審與決審兩階段進行而言，傾向同意者僅佔 73.4%，可能部分填答者認為兩階段審查較為繁複或缺乏效率，不如採單階審查簡單省事。有 84.7% 傾向同意初審採書面審查的方式進行。而決審的三項審查依傾向同意百分比排序為「與認證小組審查委員意見交換」84.0%「接受認證小組審查委員實地訪談」81.1%、最後為「公開發表實習輔導理念、計畫、過程及成果」57.4%。可能是意見交換與實地訪談較利於雙向了解與溝通，而公開發表方式較易讓人感受到壓力之故。

表 4　認證程序與審查方式

認證程序與審查方式	傾向同意 次數（百分比 %）	傾向不同意 次數（百分比 %）
認證分初審決審兩階段	204 (73.4)	74 (26.6)
初審採書面審查	232 (84.7)	42 (15.3)
決審採公開發表	152 (57.4)	113 (42.6)
決審採實地訪談	219 (81.1)	51 (18.9)
決審採意見交換	226 (84.0)	43 (16.0)

五、認證申請意願

實習輔導教師認證申請意願的調查結果如表 5 所示。如果必須通過認證方能擔任實習輔導教師，「本身有意願提出申請」者只佔 14.2%，但「如果學校請託或要求，願意提出申請」者有 48.5%，合計 62.7%。而無申請意願的高達 37.2%，約佔近四成。其中主任申請意願較教師稍高，可能是主任職責所在，無法隨意推卸實習輔導工作之故。

表 5 認證申請意願

認證申請意願	次數		百分比 (%)	
本身有意願提出申請	主任 20 教師 19	39	主任 24.1 教師 9.9	14.2
如果學校請託或要求，願意提出申請	主任 37 教師 96	133	主任 44.6 教師 50.3	48.5
無申請意願	主任 26 教師 76	102	主任 31.3 教師 39.8	37.2
合計		274		100

歸納 74 位有填答無申請意願之原因的說法，如表 6 所示。由表可知，填答者無申請認證意願依次數多寡可歸因為工作負擔因素、認證制度因素、個人與學校因素、實習教師因素等。工作負擔因素意指教師既有課務與工作已相當繁重，不願徒增負擔與困擾；認證制度因素係認為認證過程繁複麻煩、書面資料準備整理耗時費力；而少數則是個人與學校特殊考量及與實習生相關的理由。

表 6 無認證申請意願之原因

歸類	無認證申請意願之原因	次數	合計
工作負擔因素	原有課務、工作繁忙疲累	24	38
	不願增加負擔或困擾	10	
	責任重大、太辛苦、壓力太重	3	
	負荷過重，影響教學品質	1	
	過程繁瑣複雜或感覺麻煩	13	
	準備與整理書面資料耗時費力	6	

續表 6

認證制度因素	缺乏優惠誘因或獎勵配套措施	3	25
	需有妥當之認證方式暨相當之配套措施才會考慮	1	
	制度籠統不具體，流於形式徒增困擾	1	
	認證非萬能，應該沒人想要這個證照	1	
個人與學校因素	即將退休	5	11
	擔心能力不足、自身能力欠缺	3	
	依當時情形或視學校各項活動多寡再決定	2	
	實習生人數未定，可先給較會帶實習的輔導老師	1	
實習教師因素	實習老師有時會影響教學	1	3
	許多實習生只是被動完成實習過程而非主動學習	1	
	教師缺額極少，即便認真實習成績優秀也很難覓得教職，多少總有些道義上的無奈	1	

六、認證申請項目

實習輔導教師認證申請項目的調查結果如表 7 所示。本部份進一步分析前題中勾選「本身有意願提出申請」和「如果學校請託或要求，願意提出申請」的 172 位填答者的認證項目意願，教師部分為導師實習 82.6% 與教學實習 79.1%，而主任為行政實習 82.5% 與教學實習 70.2%。此結果符合蔡清華（2009）成果報告中對國小教師同時申請教學與導師實習認證之建議。

表 7　認證申請項目　N=172(主任 =57；教師 =115)

認證申請項目	次數		百分比 (%)	
教學實習	主任 40 教師 91	131	主任 70.2 教師 79.1	76.2
導師實習	主任 26 教師 95	121	主任 45.6 教師 82.6	70.3
行政實習	主任 47 教師 21	68	主任 82.5 教師 18.3	39.5
無意申請認證	主任 1 教師 11	12	主任 1.8 教師 9.6	7.0

七、認證證明書有效期限

通過實習輔導教師認證之證明書有效期限的調查結果如表 8 所示。其中贊同永久有效者佔 34.4%，贊同 5 年、6 年者各佔 21.5% 和 20.4%，贊同 4 年者佔 12.2%。而勾選「其他」的填答者中有 17 人認為以 10 年為宜，佔 6.1%。依蔡清華（2009）成果報告的規劃，證明書有效期限為 4 年，參照調查結果，如何取得一合理的平衡點，使認證真正確保實習輔導品質又不過於頻繁而徒增困擾，尚具討論空間。

表 8　證明書有效期限

證名書期限	次數	百分比 (%)
4 年	34	12.2
5 年	60	21.5
6 年	57	20.4
永久有效	96	34.4
其他	32	11.5
合計	279	100

八、實習輔導成果報告的繳交與內容

接受經費補助之實習輔導教師是否應在結束輔導後繳交成果報告之調查結果如表 9 所示。有 68.1% 的填答者認為應該繳交，包括 80.2% 的主任和 62.4% 的教師傾向贊同。但結果亦顯示逾三成的人認為不須繳交。

表 9　是否應繳交成果報告

是否應繳交	次數		百分比 (%)	
是	主任　65 教師 106	171	主任 80.2 教師 62.4	68.1
否	主任　16 教師　64	80	主任 19.8 教師 37.6	31.9
合計		251		100

然而如果教育部規劃接受補助之實習輔導教師須繳交成果報告，則列入報告內容之項目的調查結果如表 10 所示。整體而言，傾向同意的百分比高低依序為：實習生之實習心得 95.0%、實習生在實習期間之優良表現 94.5%、實習輔導過程記錄 89.5%、實習輔導教師自身的反思與精進情形 87.4%、實習輔導計畫書 82.6%，主任贊同各項目的百分比均高於教師。不論主任或教師均最為贊同前二者，實習輔導教師認證計畫的主要目的本在強化實習輔導功能，提升實習生實習品質，以實習生實習心得與優良表現展現輔導成果自當合理。但教師贊同列入實習輔導計劃書的只有 77.5%，也許與過往實習輔導計畫書常流於形式有關。

表 10　成果報告內容

報告內容	傾向同意 次數（百分比%）	傾向不同意 次數（百分比%）	同意百分比排序
實習輔導計畫書	主任　80（94.1） 228 教師 148（77.5）(82.6)	主任 5（5.9） 48 教師 43（22.5） (17.4)	5
實習輔導過程記錄	主任　79（92.9） 248 教師 169（88.0） (89.5)	主任 6（7.1） 29 教師 23（12.0） (10.5)	3
實習輔導教師自身的反思與精進情形	主任　77（90.6） 243 教師 166（86.0）(87.4)	主任 8（9.4） 35 教師 27（14.0） (12.6)	4
實習生之實習心得	主任　81（95.3） 264 教師 183（94.8） (95.0)	主任 4（4.7） 14 教師 10（5.2） (5.0)	1
實習生在實習期間之優良表現	主任　82（97.6） 259 教師 177（93.2）(94.5)	主任 2（2.4） 15 教師 13（6.8） (5.5)	2

九、實習輔導教師之補助

實習輔導教師補助之期望項目調查結果如表 11 所示。教育部規劃對通過認證之實習學校給予經費補助，其中至少百分之五十用於實習輔導教師，則填答者期望項目之同意百分比依序為：「減少每週授課節數」92.7%、「實習輔導津貼或減授鐘點費」87.0%、「專題研究經費補助」71.5%、「休假」59.8%。可能減少授課節數可以減輕教學負擔，以便有較多的時間與心力進行實習輔導工作，所以獲得九成以上主任和實習輔導教師的贊同；若學校礙於排課需要無法減授節數，則加發實習輔導津貼或支給減授課之代課鐘點費為其次的選擇，不過實習輔導「津貼」的名稱並不符合目前請領科目之相關規定，有待研議解決；而不到六成的填答者傾向同意以休假作為獎勵，可能教職本身已有寒暑假，所以較不具吸引力。

表 11　期望補助項目

補助項目	傾向同意 次數（百分比 %）		傾向不同意 次數（百分比 %）		同意百分比排序
減少每週 授課節數	主任 78（92.9） 教師 177（92.7）	255 (92.7)	主任 6（7.1） 教師 14（7.3）	20 (7.3)	1
實習輔導津貼 或減授鐘點費	主任 75（89.3） 教師 159（85.9）	234 (87.0)	主任 9（10.7） 教師 26（14.1）	35 (13.0)	2
休假	主任 44（55.0） 教師 114（62.0）	158 (59.8)	主任 36（45.0） 教師 70（38.0）	106 (40.2)	4
專題研究 經費補助	主任 61（75.3） 教師 122（69.7）	183 (71.5)	主任 20（24.7） 教師 53（30.3）	73 (28.5)	3

十、實習輔導教師之獎勵

「教育實習輔導教師卓越獎」辦理方式的調查結果如表 12 所示。由表可知，有 48.7% 的填答者「不曾聽過此甄選活動」，有 20.1% 的填答者「聽過但不了解甄選活動辦法內容」，合計有 31.4% 的主任和 85.5% 的實習輔導教師共近七成的填答者對教育部的「教育實習輔導教師卓越獎」缺乏認識，實有待教育行政部門、師培大學和實習學校詳加宣導。而另外三成多的填答者對辦理方式的意見中，合計有 23.4% 贊同繼續辦理，其中以 9.7% 主張「繼續甄選活動，但分區域訂定獎勵名額比例辦理」最多，7.2% 主張「依目前甄選辦法繼續辦理，但增加獎勵名額」，只有 6.5% 贊成「依目前甄選辦法繼續辦理」，可見獎勵名額的提升與區域分配問題受到關注。選擇「建議廢除此甄選活動」的填答者有 4.7%，對現行獎勵辦法未予認同，其原因有待探究。「教育實習輔導教師卓越獎」乃是目前教育行政機構對實習輔導教師唯一的獎勵辦法，日後實習輔導教師認證計畫若要有效推動，獎勵制度亟需配套考量修正。

表 12 實習輔導教師卓越獎之辦理方式

實習輔導教師卓越獎之辦理	次數		百分比 (%)	
不曾聽過此甄選活動	主任 11 教師 125	136	主任 12.8 教師 64.8	48.7
聽過但不了解甄選活動辦法內容	主任 16 教師 40	56	主任 18.6 教師 20.7	20.1
依目前甄選辦法繼續辦理	主任 8 教師 10	18	主任 9.3 教師 5.2	6.5
依目前甄選辦法繼續辦理，但增加獎勵名額	主任 16 教師 4	20	主任 18.6 教師 2.1	7.2
繼續甄選活動，但分區域訂定獎勵名額比例辦理	主任 18 教師 9	27	主任 20.9 教師 4.7	9.7
建議廢除此甄選活動	主任 10 教師 3	13	主任 11.6 教師 1.6	4.7
其他	主任 7 教師 2	9	主任 8.1 教師 1.0	3.2
合計		279		100

十一、認證計畫實施可能遭遇之困難

實習輔導教師認證計畫實施可能遭遇之困難的調查結果如表 13 所示。由表可知，傾向同意百分比最高之前三名分別為「面對認證流程徒增壓力」98.6%、「準備認證資料麻煩」98.2%、「成果記錄增加文書負擔」

97.5%，使教師缺乏認證申請意願。因此衍生的「教師缺乏認證申請意願，增加行政上的困擾」佔 93.9%，而「成果記錄增加文書負擔，使教師無法全力輔導實習生」佔 91.4%，「分項實習輔導教師，缺乏足夠的共同時間交流與合作」與「教師認證流程增加學校行政業務負擔」也佔 89.5% 和 88.8%。不過「補助或獎勵缺乏吸引力」、「要花時間參加培訓課程」使教師缺乏認證申請意願雖有 82.0% 和 80.0%，但在諸項困難中顯然相對較低。可見因認證資料、流程、成果記錄，所增添的麻煩、壓力及負擔，致使教師缺乏認證申請意願、增加行政困擾與負擔及使教師無法全力輔導實習生，為認證計畫實施最需化解的難題。而實習輔導教師分項認證的用意，原在強化實習生課程與教學、班級經營及行政三面向的實務歷練，因此各實習輔導教師缺乏共同時間交流與合作亦有賴實習學校留意安排以克服困難。

表 13　認證計畫實施可能遭遇之困難

可能遭遇困難	傾向同意 次 數 (百分比 %)	傾向不同意 次 數 (百分比 %)	同意百分 比排序
準備認證資料麻煩，使教師缺乏認證申請意願	275 (98.2)	5(1.8)	2
面對認證流程徒增壓力，使教師缺乏認證申請意願	276 (98.6)	4(1.4)	1
成果記錄增加文書負擔，使教師缺乏認證申請意願	273 (97.5)	7(2.5)	3
要花時間參加培訓課程，使教師缺乏認證申請意願	224 (80.0)	56(20.0)	9
補助或獎勵缺乏吸引力，使教師缺乏認證申請意願	228 (82.0)	50(18.0)	8
成果記錄增加文書負擔，使教師無法全力輔導實習生	256 (91.4)	24(8.6)	5
教師缺乏認證申請意願，增加行政上的困擾	262 (93.9)	17(6.1)	4
教師認證流程增加學校行政業務負擔	245 (88.8)	31(11.2)	7
分項實習輔導教師，缺乏足夠的共同時間交流與合作	230 (89.5)	27(10.5)	6

十二、認證計畫實施之配套措施需求

實習輔導教師認證計畫實施之配套措施需求的調查結果如表 14 所示。由表可知，傾向同意百分比最高之前三名，分別為「簡化實習輔導教師之認證流程」99.6%、「簡化實習輔導教師成果記錄之項目與內容」99.2%、「簡化實習輔導教師認證申請之書面作業」98.8%。如同前述認證實施可能之困難調查結果，填答者惟恐認證流程、書面資料及成果記錄造成負擔，使配套措施的需求前三名均為簡化相關流程、記錄及書面作業。而「提供實習輔導工作規劃與執行之諮詢」的需求也高達 98.5%，實習輔導教師認證為教育部培育優良師資完備教育實習制度之方案重點，若要達成預期目的，除制度之審慎設計外，尤須對實習輔導工作規劃與執行的要領多加宣導，並提供實習學校與實習輔導教師相關之諮詢。此外，「精實實習輔導教師培訓課程」和「辦理教師實習輔導之相關知能研習」之配套需求也達 97.7% 和 96.9%，可見充實實習輔導教師相關知能實屬必要，教育部在補助優質實習教育機構之經常門經費下，已指定支用項目含「辦理實習輔導教師實習輔導相關知能研習活動」及「推動優質實習輔導教師培訓活動」(教育部，2010)，惟相關研習活動或培訓課程須注重精實切中需求。「給予合理之經費補助」和「給予實習輔導工作之承辦行政人員敘獎或津貼」，需求百分比雖不及前述認證設計與培訓研習措施，但仍佔 94.2% 和 91.9%，因此經費補助與承辦人員的鼓勵措施亦為不可忽略的環節。

表 14 認證計畫之配套措施需求

配套措施需求	傾向需要 次數(百分比%)	傾向不需要 次數(百分比%)	需要百分 比排序
簡化實習輔導教師認證申請之書面作業	256 (98.8)	3 (1.2)	3
簡化實習輔導教師之認證流程	257 (99.6)	1 (0.4)	1
簡化實習輔導教師成果記錄之項目與內容	257 (99.2)	2 (0.8)	2
精實實習輔導教師培訓課程	252 (97.7)	6 (2.3)	5
給予合理之經費補助	243 (94.2)	15 (5.8)	7
辦理教師實習輔導之相關知能研習	250 (96.9)	8 (3.1)	6
提供實習輔導工作規劃與執行之諮詢	255 (98.5)	4 (1.5)	4
給予實習輔導工作之承辦行政人員敘獎或津貼	237 (91.9)	21 (8.1)	8

十三、認證計畫實施之預期效益

實習輔導教師認證計畫實施之預期效益的調查結果如表 15 所示。由表可知，有 94.2% 的填答者預期認證計畫的實施具有效益，認為「非常有助益」和「大致有助益」的合計達 72.9%，其中可見主任之預期較實習輔導教師之看法樂觀，但也顯示逾四分之一的人僅持稍有助益和毫無助益的看法。因此，了解認證計畫實施之重要關係人的期望與現存問題，並審慎設計相關配套措施，以達成實施目標、提升實施效益，乃後續亟待努力之課題。

表 15 認證計畫實施之預期效益　N = 277

效益	非常有助益 次數（百分比 %）	大致有助益 次數（百分比 %）	稍有助益 次數（百分比 %）	毫無助益 次數（百分比 %）
認證效益	主任 17（20.0）	主任 58（68.2）	主任 7（8.2）	主任 3（3.5）
	教師 27（14.1）	教師 100（52.1）	教師 52（27.0）	教師 13（6.8）
合計	44（15.9）	158（57.0）	59（21.3）	16（5.8）

伍、結論與建議

本研究歸納前述國民小學實習輔導教師認證相關意見調查結果，提出以下結論與建議，俾供教育行政機構與師資培育大學制定法規與落實實習輔導工作之參考。

一、結論

（一）認證工作的負責單位以設立全國性單位或師資培育大學設立小組最受認同

調查結果顯示，有 35.7% 的填答者贊成由教育部設立全國性專責認證單位負責實習輔導教師認證事宜，其次依序為由師資培育大學設立認證小組 26.0%、縣市教育局處設立認證小組 22.4%、全國分區組成區域實習輔導策略聯盟設立認證小組 15.9%，因此以前二者較受認同。

（二）認證小組成員應含教育行政機關與師資培育大學人員及學校教育人員代表

實習輔導教師認證單位成員之贊同百分比依序為：師資培育大學人

員 89.3%、中小學教師代表 86.4%、中小學行政人員代表 84.3%、教育行政機關人員 72.9%，為兼顧各方代表之意見，均可考慮納入認證小組。

（三）認證資料項目以實習輔導專業及分項知能與實習輔導理念及服務熱忱爲主

填答者對實習輔導教師認證資料包含項目的同意百分比依序為：班級經營知能、實習輔導專業知能和課程與教學知能、行政知能、實習輔導理念、服務熱忱，此六項均達九成以上，另為實習輔導計畫執行 88.1% 和實習輔導成果 83.8%。因此，填答者傾向贊同與實習輔導專業和分項知能，以及理念和熱忱的表現相關的認證資料項目。

（四）認證可分初審與決審兩階段進行，前者重書面審查，後者可實地了解溝通

有 73.4% 的填答者贊成認證程序分初審與決審兩階段，84.7% 的人同意初審採書面審查，而決審方式的同意百分比各為：採意見交換 84.0%、採實地訪談 81.1%、採公開發表 57.4%。可見八成以上的填答者贊成決審採實地雙向了解溝通的方式進行。

（五）主任與教師認證申請意願不高，主要受工作負擔因素與認證制度因素影響

如果必須通過認證方能擔任實習輔導工作，填答者中本身有意願提出申請的為 14.2%，若學校請託或要求，願意提出申請的有 48.5%，無申請意願的高達 37.2%。而缺乏意願的主因其一為既有課務工作已負荷過重，不願再增困擾和壓力；其二則為感覺認證過程與書面資料準備耗時費力，並缺乏誘因與獎勵措施。

（六）主任傾向申請行政、教學實習認證，教師傾向申請導師、教學實習認證

依據願意申請實習輔導教師認證的填答者意見統計，主任選擇的認證項目依序為行政實習 82.5%、教學實習 70.2%、導師實習 45.6%，教師則為導師實習 82.6%、教學實習 79.1%、行政實習 18.3%。故前者傾向申請行政與教學實習認證，而後者傾向申請導師與教學實習認證。

（七）認證證明書的有效期限以 5 至 6 年最受認同，永久有效者次之

調查結果指出，34.4% 的填答者支持通過實習輔導教師認證的證明書應永久有效，贊同 4 年、5 年、6 年、10 年的各佔 12.2%、21.5%、20.4%、6.1%，因此贊成 5 至 6 年的最多，合計達 41.9%。

（八）多數人贊成繳交成果報告，內容以實習生心得表現和輔導過程記錄為主

有 68.1% 的填答者認為接受經費補助之實習輔導教師應在結束輔導後繳交成果報告，報告內容項目的同意百分比高低依序為：實習生之實習心得 95.0%、實習生在實習期間之優良表現 94.5%、實習輔導過程記錄 89.5%、實習輔導教師自身的反思與精進情形 87.4%、實習輔導計畫書 82.6%。

（九）最受期望的補助項目為減少每週授課節數、請領實習輔導津貼或減授鐘點費

如果教育部對通過認證之實習學校的經費補助中，保障至少一半用於實習輔導教師補助，則填答者期望項目之百分比依序為：減少每週授課節數 92.7%、實習輔導津貼或減授鐘點費 87.0%、專題研究經費補助 71.5%、休假 59.8%，明顯以前二者最受贊同。

（十）持續教育實習輔導教師卓越獎甄選活動，但增加獎勵名額及分區域訂定比例

對於目前教育部辦理的「教育實習輔導教師卓越獎」，有 48.7% 的填答者不曾聽過此甄選活動，20.1% 聽過但不了解甄選活動辦法內容。另外三成多對辦理方式表示意見的填答者中，以 9.7% 主張繼續甄選活動，但分區域訂定獎勵名額比例辦理最多，7.2% 主張依目前甄選辦法繼續辦理，但增加獎勵名額，6.5% 贊成依目前甄選辦法繼續辦理，而有 4.7% 選擇建議廢除此甄選活動。

（十一）認證實施之主要困難爲流程、資料、成果記錄準備使教師缺乏申請意願

實習輔導教師認證計畫實施可能遭遇困難的同意百分比前三名，分別為「面對認證流程徒增壓力」98.6%、「準備認證資料麻煩」98.2%、「成果記錄增加文書負擔」97.5%，使教師缺乏認證申請意願。而「教師缺乏認證申請意願，增加行政上的困擾」佔 93.9%，「成果記錄增加文書負擔，使教師無法全力輔導實習生」佔 91.4%，「分項實習輔導教師，缺乏足夠的共同時間交流與合作」與「教師認證流程增加學校行政業務負擔」各佔 89.5%、88.8%。「補助或獎勵缺乏吸引力」、「要花時間參加培訓課程」使教師缺乏認證申請意願為 82.0%、80.0%。可見因認證流程、資料、成果記錄，所增添的麻煩、壓力、負擔，及連帶衍生的行政困擾和使教師無法全力輔導實習生，為認證計畫實施的主要難題。

（十二）認證實施之配套需求重在簡化流程與書面資料、提供諮詢及辦理培訓研習

依據分析結果，簡化認證流程、簡化實習成果記錄之項目與內容、簡化認證申請之書面作業為認證計畫實施之配套措施需求的前三名，傾向同意百分比高達 99.6%~98.8%。而提供實習輔導工作規劃與執行之諮詢的需求達 98.5%，精實培訓課程和辦理相關知能研習之需求各為 97.7%、

96.9%，給予合理之經費補助和給予承辦行政人員敘獎或津貼佔 94.2% 和 91.9%。

（十三）實習輔導教師認證計畫實施之預期效益受到肯定，但仍需努力落實

統計結果顯示，認為實習輔導教師認證計畫的推動對提升實習生教育實習品質非常有助益和大致有助益的各佔 15.9%、57.0%，稍有助益的為 21.3%，合計有 94.2% 的填答者肯定認證計畫的實施效益，而表示毫無助益的為 5.8%。但亦由此可見 27.1% 的人預期效益較不樂觀，因此計畫實施仍需審慎修調以提升效益。

二、建議

（一）實習輔導教師之認證工作以教育部設立統籌單位或師資培育大學成立小組負責為主，縣市教育局處為輔；認證單位成員宜納入師資培育大學人員、中小學教師與行政人員代表、教育行政機關人員。

（二）認證資料可規劃包含共同之實習輔導專業知能和實習輔導理念與熱忱兩項目，再依所申請之教學實習、導師實習及行政實習等認證項目，分別提列課程與教學、班級經營及行政知能等項目資料，實習輔導成果或教師優良表現則列入其他舉證項目。送審之認證資料儘量以檢核表格呈現為主，文件舉證為輔，減輕教師書面準備之負擔。

（三）認證程序可分初審與決審兩階段，前者以書面資料審查為主，後者進行實地訪視與意見溝通。為力求程序簡化以降低人力負擔與時間耗費，建議考量書面資料審查優良者逕予決審，而有需要實地了解查察者再進行第二階段決審。

（四）鼓勵教師同時申請教學實習與導師實習項目之認證，因為課程與教學和班級經營關係密切，均為實習生學習重點，教師亦難以切割輔導；主任以輔導實習生行政實習為重，至少應申請行政實習認證，再依意願申請其他類別認證。

（五）接受經費補助之實習輔導教師應繳交實習輔導成果報告，內容可包括實習生實習心得與優良表現、實習輔導過程記錄及教師本身的反思與精進情形，惟成果報告以格式設計精簡、能呈現重要代表性內容為宜，以免過度增添教師壓力與負荷。

（六）促使實習輔導津貼之請領項目合法化，保障用於實習輔導教師之補助經費，可授權各實習學校依狀況與教師期望，選擇用於聘僱代課教師，減輕教師每週授課負擔，或讓教師請領實習輔導津貼、減授代課鐘點費，亦可供為教師進行專題研究之用。

（七）教育行政部門、師培大學與實習學校應再加強宣導「教育實習輔導教師卓越獎」甄選辦法，並積極舉薦表現卓越之實習輔導教師參加甄選活動，而獎勵錄取名額可酌予增加並依區域訂定獎勵名額比例，以傳達當局對實習輔導的重視與提升受獎教師的尊榮感，發揮實質的獎勵與肯定作用。

（八）認證計畫實施前，加強對教育實習學校行政人員與實習輔導教師之說明與溝通，使現場人員能深刻體會相關舉措的目標與提升實習品質的用心，化解徒流形式與增添麻煩的疑慮，並確實了解其實施的可能困難，給予激勵與協助。

（九）體察實習現場人員之困難與需求，做好認證計畫之完善配套措施。尤其應簡化認證流程與各項書面資料，以有效減輕教師壓力與負擔，提升教師申請認證之意願，並保留時間與心力從事輔導工作；提供實習工作規劃與執行之諮詢，改善實習計畫流於形式的積弊，確保實習工作進程順利落實；設計精實的培訓課程和辦理相關知能研習，讓認證教師充分了解實習輔導的權責與具備必要的知能，俾能真正發揮認證計畫之效益。

參考文獻

王嫌惠（1998）。**國民小學實習輔導教師獎勵措施之研究**。臺東師範學院國民教育研究所碩士論文，未出版。

李惠婷（2006）。**學校本位實習教師輔導制度之研究**。臺北教育大學國民教育學系碩士論文，未出版。

高薰芳、王慧鈴（2000）。中等學校實習輔導教師輔導專業知能需求評估之研究。**彰化師大教育學報**，1，27-60。

教育部（2006）。**師資培育素質提升方案**。2009 年 11 月 10 日取自 http://www.edu.tw/files_temp/regulation/B0037/5668950307.doc

教育部（2009a）。**中小學教師素質提升方案**。 2009 年 10 月 16 日取自 http://www.edu.tw/high-school/content.aspx?site_content_sn=22055

教育部（2009b）。**師資培育法修法（草案）諮詢會議記錄**。2009 年 10 月 19 日取自 http://cnat.pckids.com.tw/board/detail_new.asp?quote_type=reply&titleid=6041&detail_id=7192&kind=master

教育部（2009c）。**教育部補助師資培育之大學落實教育實習輔導工作實施要點**。2009 年 11 月 10 日取自 http://www.edu.tw/high-school/content.aspx?site_content_sn=8451

教育部（2009d）。**98 年度教育部教育實習績優獎評選及獎勵計畫**。2009 年 11 月 10 日取自 http://cte.tmue.edu.tw/front/bin/ptdetail.phtml?Part=4-980619-1&Rcg=3

教育部（2009e）。**培育明日優質良師，續傳教育實習典範～ 98 年教育實習績優獎得獎名單**。2010 年 8 月 10 日取自 http://www.edu.tw/news.aspx?news_sn=2857&pages=97

教育部（2010a）。**教育部補助師資培育之大學落實教育實習輔導工作實施要點（99.6.9 修正第 4 條）**。2010 年 8 月 10 日取自 http://www.edu.tw/high-school/ content. aspx?site_content_sn=8451

教育部（2010b）。**99 年度教育部教育實習績優獎實施計畫**。2010 年 8 月 10 日取自 http://www.edu.tw/files/plannews_content/B0035/99 年全條文 0305.doc

教育部（2010c）。**99 年度教育部教育實習績優獎通過複審得獎名單**。2010 年 10 月 20 日取自 http://www.edu.tw/news.aspx?news_sn=3946

張德銳（1996）。美國良師制度對我國實習輔導制度之啟示。**初等教育學刊**，**5**，41-64。

陳利玲（2001）。**國民小學實習輔導教師制度之研**究。屏東師範學院國民教育研究所碩士論文，未出版。

陳怡君（2005）。**國民小學實習輔導教師專業能力指標之建構**。臺東大學教育研究所碩士論文，未出版。

陳靜儀(2007)。**國民中學教育實習輔導師徒功能及影響因素之關係研究**。臺北科技大學技術及職業教育研究所碩士論文，未出版。

黃貴珠（2003）。**國民小學實習輔導行政實務之研究**。臺中師範學院國民教育研究所碩士論文，未出版。

游純澤（2003）。**臺北縣國民小學實習教師教育實習問題之研究**。臺北師範學院國民教育研究所碩士論文，未出版。

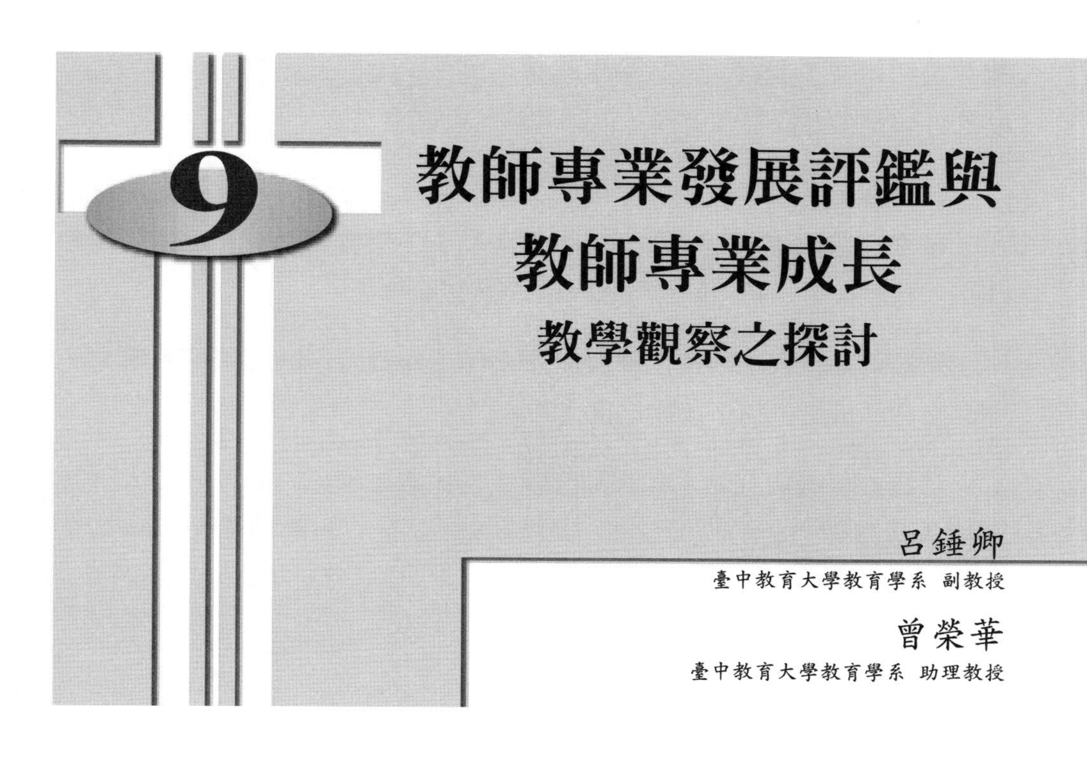

9 教師專業發展評鑑與教師專業成長
教學觀察之探討

呂鍾卿
臺中教育大學教育學系 副教授

曾榮華
臺中教育大學教育學系 助理教授

摘　要

本研究旨在探討國民小學實施教師專業發展評鑑過程中，教師進行教學觀察之過程，及其對教師專業成長之影響。具體研究目的為探討教學觀察實施之過程、教學觀察對教師專業成長之影響及教學觀察實施之困難與障礙。研究者以中部地區辦理教師專業發展評鑑，2009-10 學年參加進階評鑑人員和教學輔導教師研習之教師為對象。採文件分析法和訪談法。分析研習學員的認證資料「自我省思與收穫」共 124 份文件；另訪談參加教師專業發展評鑑三年以上之教師，臺中市和台中縣各兩所小學，每校 2 位共 8 位教師。研究結果獲得以下結論：

1.教學觀察實施之過程：教學觀察夥伴大都為三人；夥伴大都由同

學年自由組成；觀察次數除教學輔導教師外，大都是一學期觀察一次；少部分夥伴未做觀察前會談，但都有進行回饋會談。

2.分析教學觀察對教師專業成長之影響有七方面，分別是：鏡射作用、增進班級教學技巧、激盪出教學新點子、引發教師省思、相互激勵作用、建立與增進夥伴關係及進一步瞭解觀察技術。

3.歸納實施教學觀察之障礙有：文件工作費時、教師覺得有壓力、不易打破「班級王國」及缺乏正式的會談。

最後，根據研究結果和相關文獻，提出三點建議：第一，擴大進階評鑑人員研習之百分比；第二，學校行政要有完善的準備和支援；第三，持續推動教師專業發展評鑑。

關鍵字：教師專業發展評鑑，教學觀察，教師專業成長

Key Word: *teacher evaluation for professional development, classroom observation , teacher professional growth*

壹、緒論

教師的素質是學校教育的品質保證，有高素質的教師，才能確保學生學習的品質。但如何提昇教師的素質？在當前教育實務中，提升教師素質的方法或途徑有很多，如教師參加學位學分進修、校內外研習活動、進行課程發展、組成專業學習社群進行對話或研究、透過網路學習、教師自我閱讀等，都是促進教師專業成長的途徑。過去，教育行政當局和學校對教師在職進修和專業成長，做了很多努力，也提昇了教師的教學專業知能。然而 1994 年，我國掀起教育改革浪潮，社會對學校的教育和教師的教學品質，要求日漸殷切。因此，2001 年教育部開始研議教師的績效評量制度，2002 年決定以專業評鑑制度取代現行的成績考核。自此，開始研議「教師專業發展評鑑」，並於 2006-07 年（95 學年）開始試辦。

此一方案所稱之「教師專業發展評鑑」係形成性教師評鑑之同義詞。這種以教師專業發展為目的之教師評鑑，國內學者簡紅珠（1997）稱之為「專業導向的教師評鑑」；而張德銳（2008）則認為「專業發展導向教師評鑑」一詞更能彰顯以教師評鑑為手段，以促進教師專業發展為目的之意涵。

到 2009-10 年為第四年正式辦理，唯辦理方式仍採用自願參加方式進行，並未強制性執行。在辦理過程中，強調透過教學觀察或檔案評量來瞭解教師的教學和專業表現。尤其是期望在教學觀察過程中，能對教師教學能力之提升有直接的幫助。張德銳（2008）認為教師評鑑的立論基礎是：透過教師工作表現回饋機制，一方面協助教師更加瞭解自己的專業表現，進而鼓勵教師不斷賡續發展自己的專業能力；另一方面亦可以督促教師表現出最起碼的專業行為，確保學生的學習權益。許多教育學者也認為透過教學評鑑或教學視導的過程，可以有系統地促進教師的專業成長（呂木琳，1998；李珀，1999；張德銳，1993，1994；蔡秀媛，2001；羅清水，1999；Danielson, 2000; Egelson, 1994; Howard, 1994; Sando, 1995）。而教學評鑑或教學視導之設計中，乃是以教室觀察為重點。

目前教育部在教師專業發展評鑑實施要點中指出：評鑑之實施，得採教學觀察、教學檔案、晤談教師、蒐集學生或家長的意見反應等多元途徑辦理（教育部，2009）。不過，教學觀察和教學檔案是主要的途徑，尤其是教學觀察普遍被採用。然而，教學觀察實施過程如何？對教師教學能力和表現幫助多大？以及教學觀察過程中有何困難和障礙？這是本研究想要探討的問題。

基於以上之分析，研究者想探討中部地區辦理教師專業發展評鑑之國民小學，在實施教學觀察後對教師專業成長的幫助情形，以及教學觀察過程中，是如何對教師專業成長產生影響。本研究的具體目的為：一瞭解教師實施教學觀察之過程；二分析實施教學觀察對教師專業成長之影響；三探討教師在實施教學觀察之困難和障礙。

一、教師評鑑

教師評鑑（teacher evaluation）係對從事教學工作之教師，定期或不定期考核其工作表現的一種方式或制度。旨在提高教師專業服務品質，促進教師專業成長，並管制學校教學之成效，滿足績效責任制度的需求。教師評鑑分為兩種，一為形成性評鑑，一為總結性的評鑑。前者在教學過程中實施，用以協助教師改進教學，提供教師教學的回饋，並作為教師在職進修之參考；後者係在學期或學年結束時實施，作為晉級加薪、續聘或調動的依據，藉以激勵教師的工作士氣（賈馥茗，2000）。

簡言之，教師評鑑就是對教師表現作價值判斷，以作為專業改進和行政決定的歷程。在這過程中必須有系統地蒐集教師在學校的教學、服務、研究及進修各方面的資料，包括教師的知識、能力、表現成果及態度。

二、教師專業發展評鑑

所謂「教師專業發展評鑑」（teacher evaluation for professional development）是指依據《教育部補助辦理教師專業發展評鑑實施要點》（教育部，2009）之規範在中小學所實施的教師評鑑。此一方案之目的在協助教師專業成長，增進教師專業素養，提升教學品質，以增進學生學習成果。因此，它是一種形成性評鑑，其精神是在透過學校的內部控制機制，提昇教師的素質。

分析此方案之推動，有四個重點：一是採自願性的：學校是否辦理教師專業發展評鑑，是由學校自願提出，且必須經過校務會議的同意。二是學校自訂評鑑指標：學校自行選擇評鑑內容層面並發展校本的評鑑指標。三是由校內人員評鑑：評鑑方式採行自評和他評，他評由校內同儕教師組成評鑑小組，沒有校外人員參與，完全靠校內教師的相互督導和支持。四是一種過程性評鑑：強調在促進教師專業發展，對教師沒有威脅性，更期望教師相互支持與鼓勵。

教師專業發展評鑑的內容有四方面，包括課程設計與教學、班級經營與輔導、研究發展與進修、敬業精神及態度四個層面。至於其評鑑規準項目則由學校參照教育部或直轄市、縣（市）政府訂定之教師專業發展評鑑參考規準，自行選擇訂定之。教育部則在「教師專業發展評鑑網」公布五種版本之參考規準，包括曾憲政等之整合版、張新仁、呂鍾卿、張德銳及潘慧玲五種版本，供各校選用之參考。

評鑑方式包含自我評鑑（自評）和接受校內評鑑（他評）。「自評」係指由受評教師根據學校自行發展之自評程序及評鑑表格，依序檢核，引導教師分析自我之教學表現。「他評」則由評鑑推動小組安排評鑑人員進行定期評鑑，必要時得依受評教師之需要進行不定期評鑑。

評鑑實施過程之進行，得採教學觀察、教學檔案、晤談教師及蒐集學生或家長之教學反應意見等多元途徑辦理。然而在推動說明會和相關研習中，都強調優先採用教學觀察來瞭解教師的教學。

三、教學觀察

教學觀察（classroom observation）是教師評鑑和教學視導過程中很重要的技術。根據張德銳等（2002）的研究指出，行政人員、教學輔導教師、夥伴教師一致認為「教學觀察、提供回饋與建議」，是最常表現的服務項目，這也顯示教師對於教學觀察與回饋的需求性。以下針對教學觀察之意義、過程及技術做簡要敘述。

（一）教學觀察的意義

所謂教學觀察是指為瞭解教師在班級的教學情形，視導人員（或同儕教師）在計畫安排之下，親臨教師教學現場，對教師的教學表現和情境脈絡進行系統地檢視和記錄，並根據觀察紀錄結果提供教師回饋，肯定和改善教師的教學表現，以改進或提升教師的教學行為。

分析此一定義，教學觀察有四項目的：一是提供教師教學現況的客觀回饋：觀察者觀察教師教學的現況，然後客觀具體地回饋給教師，協助其瞭解真實的表現。二是肯定教師教學的成就和表現：對於教師教學的優點和特色給予肯定和讚美。三是協助教師診斷和改善教學問題：對於教師可以成長和改進的空間，引導教師思考並提出解決行動策略。四是協助教師發展專業成長的正向態度：經由不斷的成長循環，教師對於教學工作保持熱忱及專業成長的承諾。

（二）教學觀察的過程

教學觀察包含三個過程：觀察前會談、教學觀察及回饋會談。

1. 觀察前會談：觀察前會談是指在進行教學觀察前，教學者和觀察者共同討論該節課的教學重點和觀察重點等，並藉以建立信任關係。因此，在觀察前會談階段，觀察者除要和教學者建立信任融洽關係之外，主要是透過會談，瞭解教學者的教學脈絡並確定觀察的目標與重點：我要觀察的是那一堂課？學生以往學習情況如何？教師期待學生在這一堂課學到什麼？教師會使用哪些教學策略？哪些評量策略？在這一節課中，教師要我觀察哪些重點？我要運用哪些工具？在討論中，教學者應提供「簡案」作為討論的依據。

2. 教學觀察：在教學觀察階段，觀察者首先要準備與熟悉觀察工具或表格。根據觀察焦點的不同，來選擇觀察工具，不同的工具提供不同的觀察重點。觀察者和教師可以共同選擇所欲使用的工具，以進行有效的觀察。由於教學現場進行的節奏相當快速，觀察者宜先用鉛筆將教學事件做關鍵字的速記，課後把握黃金時間，用原子筆或打字做較正確、完確的謄稿。當然，必要時徵求教師允許，同時進行錄影，作為分析討論有疑義時，進一步檢視。

3. 回饋會談：回饋會談主要在根據之前觀察所蒐集的客觀資料，給予教師具體的回饋意見。在會談時，觀察者要營造溫暖和諧的會談氣氛，不要讓教學者感到壓力或批判的氣氛。回饋會談技巧適當與否，會決定教師是否接納觀察者之意見、教師是否感受有收穫及後續是否樂意進行教學觀察。Acheson 和 Gall（1997）對回饋會談的技巧提出四點看法：

首先是以客觀的觀察資料提供教師回饋：好的觀察資料是硬性資料（hard data），即正確、客觀、具體、與教師需求相關的資料，而非軟性資料（soft data）。觀察者在回饋會議開始之初，可以「我們一起看看我們所觀察的資料」作開端，讓教師感覺到觀察者是與教師站在同一出發點，而較不會心生排斥。在分析資料上，宜讓老師作主導者，簡要而不帶價值判斷的共同分析資料中的意義，找出觀察所得結果。

其次要引出教師意見、感受及推論：引導教師對資料的反應需要耐心與技巧，如：善用人際關係技巧與發問技巧，並以不具威脅的態度，詢問教師一些問題，如：在觀察資料中，您在教學時會重複些什麼？您要改變什麼？您想如何使學生學得更成功？善用行為改變的三明治技巧，即「讚美、建議、支持」是促使教師願意改變的關鍵技巧，教師在被肯定之後，自然較願意接受建議，而在支持的環境下，教師才會勇於改變。

第三是鼓勵教師採行替代方案：當教師需作改變時，鼓勵教師在幾個可行方案中，選擇有把握的方式，並且預測可能發生的情況加以因應；對於教師願意採行替代方案，應給予適度增強與支持，如：「這個想法聽起來不錯，可以試試看？」

（三）教學觀察技術

在推展教師專業發展評鑑之研習中，有質性的觀察技術和量化的觀察技術。質性的技術主要有選擇性逐字記錄（selective verbatim）和軼事記錄（anecdotal records）；量的技術有主要是以「座位表為基礎之觀察記錄」(Seating Chart Observation Records, SCORE),包括投入行為(engagement behavior)、在工作中(at task)、語言流動(verbal flow)及教室移動(movement pattern)。透過這些技術,觀察和記錄上課中學生是否專注於學習活動、教室中教師和學生語言溝通及其類型、教師和學生在教室中的移動情形(林春雄、陳雅莉、王欣華、胡峻豪、詹婷姬、許允麗、王慧娟,2007)。

選擇性逐字記錄,係指針對所選擇的觀察焦點,記錄教學歷程中的口語事件。觀察者須將師生在課堂上所說的話,一字不漏地記錄下來,不能任意刪減或增加師生所言。選擇觀察的焦點是觀察者在觀察之前先與教師協商,一起決定所要觀察、記錄的口語事件。這些焦點可以是教師提出的問題、課堂中建構式的對話、教師回饋、教師所使用的結構性陳述、班級經營陳述等。

軼事記錄是將教室中的教學事件,按照時間順序簡要地記錄下來。記錄事件之選擇,是依觀察者對教學的認知及該教學的特殊情境。

投入行為觀察是指觀察學生在教師上課中專注於課業的學習活動,如注視、傾聽、提出問題、適當表達意見、做作業、閱讀 ... 等;否則,則為非投入行為。觀察學生的投入行為比率和非投入行為種類,可瞭解和改進教師的教學行為。在工作中之行為觀察與此類似。

語言流動是指觀察並記錄教室中,誰對誰說話的技巧。主要紀錄教師問學生、學生回答教師、教師稱讚學生、學生提問教師、學生對學生說話等。然後根據觀察記錄,歸納師生上課語言類別為教師問問題、學生問問題、教師正向反應及教師負向反應四類。

移動方式是指觀察並紀錄教師在上課中,教師與學生在教室移動的情形。觀察者的任務是紀錄教師與學生如何從教室一端移動到其他地方。

重點是放在教師的移動上，了解教師是否運用來回走動以幫助學生和吸引學生注意力，也可了解學生是否因為想躲避作業或根本無事可做而到處移動。

上述這些教室觀察的技巧，可以提供教師教學的真實記錄，做為教師教學的鏡子功能。有這些觀察紀錄，在回饋會談時才有內容和根據，也比較能夠引發教師的省思，觀察者也比較能具體提出改進意見。

四、教學觀察對教師專業成長的影響

從以上教學觀察之分析中，可知教學觀察確實能改善教師教學方法，提升教師的專業素質。以下就實證研究文獻所及，略加論述。

丁一顧和張德銳（2006）探討臨床視導的實施及其對實習教師教學效能的影響，研究結果指出：臨床視導實施後，對實習教師教學效能有正向的影響，並有助於實習教師教學效能的改進。此項臨床視導是實習教師接受輔導教師的教學觀察及其前後會談的一系列輔導過程。而根據李珀（2000）在學校實際使用教學視導系統來觀察教師教學，並將觀察結果提供老師參考，發現教師確實因為接受觀察，得到回饋並改進教學，而且一次教學觀察以一個領域較為適宜。

教學觀察對教師專業成長的幫助，根據 Borich（1994）的意見，可分為改進教學能力與教學態度兩方面。在教學能力方面，著重於教師教學行為的成長；在教學態度方面，著重於教師省思與想法的轉變。

在改進教學能力方面，Borich（1994）歸納為八點。包含（1）對自我教學行為的覺醒：教學觀察提供教師日常作決定的依據，加強教師對班級的了解，進而掌握教學脈絡、貼近教學真實、促進班級互動品質。（2）

解決教學問題：教學觀察提供資訊，協助教師診斷與解決教學問題。（3）協助教師獲得教學技巧：教學觀察使教師有機會發展出彈性的教學策略與方法，進而建立適切的教學目標與方向。（4）提供替代的教學方案：教學觀察提供教師機會，讓教師選擇教學的替代方式或取向。（5）察覺自我教學實力：教學觀察提供了一個機會，讓教師能夠體察到自我教學實力。（6）聚焦於教學效能的有效行為：教學觀察能將焦點置於教學效能的重要領域。（7）發現教學中不公平的現象：幫助教師發現可能受忽略的某些學生。（8）維持教學專業的標準：透過教學觀察，教師能明確發現自己的教學優缺點，隨時自我修正，專業水準也因而提升。

在提昇教學態度方面，Borich（1994）歸納為下列七點。包含（1）增加自信：教學觀察可以讓教師明確了解自我教學風格與模式，也提供教師自我肯定與改進的機會，如此，自可增加教師的自信。（2）展現教學熱忱：教學觀察能激發教師思考自我教學，進而投注更多心力於課程與教學，因而展現與提升其教學熱忱。（3）培養獨立精神：有效的教學觀察，不但在於教師能在觀察的過程中，不斷省思與檢視自我教學，也在於教學觀察後，能勇於改進教學、採用新的替代方案，這些過程將促使教師培養出獨立的精神。（4）建立評估自我表現的習慣：教學觀察的過程，讓教師隨時進行自我表現檢視與評估，以維持相當的專業水準與品質。（5）培養增進自我知識的積極態度：教學觀察使教師能察覺自己的弱勢，進而明確知道自己需要補足之處，也使教師養成隨時增進自我知識的積極態度。（6）建立合作的關係：教學觀察往往透過同儕教師相互進行，在觀察後，需要教師彼此協助，共同討論分析結果；這樣的歷程，無形間搭起了教師們溝通合作的橋樑。（7）提升教師的專業反省知覺：教學觀察可以讓教師了解教學迷思、重視教學反省、重建教學概念、發現教室內不公平的事實、反省課程設計的成效、了解教師文化與學生文化。

簡言之，教學觀察是促進教師改進教學、提升自我能力的方式，但有效的教學觀察，需要觀察者與教師都投注心力，才能共同發現教學之優缺點，進而時時改進。尤其在教師方面，更需要抱持著虛懷若谷的態度、永續成長的精神，才能使教學觀察達到目的。因此，教師本身的態度實為教學觀察成功與否的重要關鍵。

參、研究方法與樣本

本研究採文件分析法和訪談法。分析的文件是中部四縣市（臺中市、臺中縣、彰化縣及南投縣）2009-10 學年參加教師專業發展評鑑進階人員和教學輔導教師，在認證研習中所繳交的電子檔案，主要是教師的「自我省思與收穫，簡稱『心得』」之文件。進階人員提供「心得」文件，臺中市有 7 所學校 60 件，臺中縣有 5 所學校 22 件，彰化縣有 1 所學校 2 件，南投縣無（只有國中）。教學輔導教師提供「心得」文件，臺中市有 6 所學校 25 件，臺中縣有 6 所學校 13 件，彰化縣有 1 所學校 2 件，南投縣無。總計進階人員提供 84 份文件，教學輔導教師提供 40 份文件，共 124 份文件。訪談對象是中部地區參加教師專業發展評鑑三年以上之教師。符合此項條件的中部四縣市計有臺中市 6 所，臺中縣 7 所，彰化縣 1 所，計 14 所國民小學。研究者抽取臺中市和臺中縣各兩所小學，每校 2 位教師共 8 位教師為訪談對象。由研究者於 2010 年 7 月～ 8 月，親自到學校進行訪談，以瞭解教學觀察的實施過程、幫助情形及困難。

在資料編碼上，進階人員為 A01 到 A84，輔導教師為 G01 到 G40；訪談資料編碼為 I01 到 I08。資料的分析，先逐句逐段閱讀心得和訪談內容，若有完整之概念內容，則將之分段自成一列，並賦予一項細目名稱，如「增進同事情誼」、「學習到夥伴的創意」。再從細目往上歸納為「類目」

和「大類」。

心得文件之分析，研究者以教師之事實敘述和心理感受內容為分析依據，略去「看起來」是教師對教學觀察之「應然」論述。例如，有教師寫道：「透過教室觀察，專業的對話，再加上夥伴教師的意見，『想必』就是讓教師自我突破，專業成長的最佳途徑」（A20）。這樣的敘述是教師個人的意見論述，則不列入引用和計算之中。

肆、研究結果

一、教師實施教學觀察之過程

教師實施教學觀察之過程，主要是以訪談教師的資料為主，包含夥伴之組成、觀察次數、觀察前會談、觀察工具及回饋會談。

在夥伴組成方面。有四位教師的夥伴是三人，有一位是二至三人，有三位的夥伴是二人。在教師專業發展評鑑的研習中，主張教學觀察的夥伴為三到五人，但仍有部分的學校或教師，其教學觀察夥伴只有二人。教學觀察需要三人以上，是因為一位教學者有兩位同儕觀察，至少有兩位教師的不同觀點，比較能相互激盪討論。

至於夥伴的組成方式，大都表示自行組成，主要是以同學年的教師自由組成；有的學校則「依學校安排，一個自己找，一個由學校安排，有時是由教專推動小組人員協助安排」（I01）；另外，有些六班小型學校則為年段教師搭配行政人員，共三人組成（I02）。而兩人的組成方式，有的是好朋友（I06）；有的則是因為要找一位受輔導夥伴，以座位鄰近的同事為夥伴對象（I05）。

在教學觀察次數方面。有六位教師表示一年觀察夥伴教學兩次；有一位僅觀察一次；另一位要做教學輔導教師認證，因此觀察五次。這裡所說的教學觀察，是正式的觀察，乃夥伴間相互約定的時間，並有某種程度的紀錄和會談。

在觀察前會談方面。在八位受訪者中，有六位比較有正式的觀察前會談；有二位是第一年沒有會談，第二年參加研習後才做會談（I06）；有一位教師表示沒有正式會談，而以電子郵件說明課程內容（I02）。至於會談的內容，主要是以教學者所寫的簡案，提出來討論有關教學的目標、教學重點、教學流程及教學觀察的日期和時間等；但只有部分教師（I01, I03, I05）在觀察前會談，會詢問教學者所期望的觀察重點，其中 I05 是扮演教學輔導教師之角色。

在觀察工具方面。八位老師主要是運用檢核表做為觀察工具，而有一位教師曾用選擇性逐字記錄（I01），有一位教師在參加進階研習後用軼事記錄（I03），有一位教師在一次觀察中以錄影取代現場觀察（I04）。另外，有位教師在參加輔導教師研習之後，運用了「學生投入行為」、「語言流動」、「選擇性逐字紀錄」及「教室移動型態」四種工具來。

在回饋會談方面。受訪八位老師在教學觀察後，都進行了回饋會談。回饋會談的時機，有三位（I04, I07, I08）表示在當天就進行，尤其是低年級的老師下午沒有課，大都在下午就進行回饋會談；有四位老師表示大約在第二天內進行會談；另有一位是輔導教師身份（I05），運用投入行為等觀察工具，觀察後必須整理資料，因此，在三天內進行會談。

二、實施教學觀察對教師專業成長之影響

分析進階評鑑人員和教學輔導教師參加認證研習的心得文件，歸納

教師實施教學觀察對教師專業成長的影響有七方面，分別是：鏡射作用、增進班級教學、激盪出教學新點子、引發教師省思、相互激勵作用、建立與增進夥伴關係及進一步瞭解觀察技術。

（一）鏡射作用

教學觀察的鏡射作用乃指透過夥伴的相互觀察，提供教學者平常沒有注意到的教學表現，即教學的盲點和優點。分析教師的心得文件，有十位老師有這樣的感受。例如，有老師指出「透過相互的教學觀察，找出自己平常太習慣而不自知的盲點」（A10）；又如「... 在進行教學觀察時，發現自己仍常會和資淺老師犯相同錯誤，顯示過去一直未曾察覺這些缺失」（A31）。這種鏡射作用不僅是看到缺失，也看到優勢，如「透過自己以及教育夥伴的觀察回饋，看到自己習以為常的盲點，也看到自己值得鼓勵的表現 (優點)」（A05, A37）。

（二）增進班級教學

從教師的心得反應中發現，教學觀察對教師的班級教學幫助最多。有 29 人反應透過這樣的過程，對老師的教學有改進、提升、調整、觀摩等作用，包括教學目標、教學效果、教學流程、學生照顧等各方面，可以說涵蓋教學技巧和班級經營兩方面。

另，有很多教師表示，透過觀察教師的教學和回饋會談，改善了自己教學的盲點（A03），包括改正教學時的瑣碎語詞（I06）、講述語速太快，候答時間短（I07）等。

在增進班級教學之反應中，有將近八成（23 人）的老師是以觀察者的身份陳述在教學上的收穫，而有兩成（6 人）的老師則以教學者的身份表示在教學上的收穫。換言之，教學觀察之實施，在教師的心得反應中，以觀察者的獲益較多。

教學觀察是一種相互學習的過程，不僅是資深教師提供資淺教師在教學上的建議；從心得反應中，也發現資深教師向資淺教師學習的情形。例如資深教師看到夥伴的創意：「到夥伴教師的班級進行教學觀察，讓我也見識到年輕老師的教學形式，雖然她們的教學技巧也許不夠純熟，然而常有創意的想法與點子激發而出」（G12）。另外，也學到資淺教師的生動活潑，如「透過教學觀察進而發現蔡○○老師某些教學技巧值得我「見賢思齊」，因此我也將蔡○○老師的優點融入我的教學當中，使我自己的教學更生動活潑」（G08）。

比較特別的是有兩位教師（A02, A21）點出在相互的教學觀察，以及事後的回饋會談和心得分享中，看到教師教學的「隱性知識」。例如「藉由同儕教學觀察，與自我省思的心得分享，讓隱性的知識浮上檯面，也深刻了解每位老師思考問題背後的思維 ...」（A21）；又如「從○○老師活潑生動的教學中，看到身為教師該有的熱忱與付出，......，學會教師在課堂上所引導的顯性知識和隱性知識，這一直是身為教師的我所思考的問題 ...」（A02）。

（三）激盪出教學新點子

在心得中有教師（3 人）指出，在教學觀察與回饋會談過程中，可以激發新的點子。例如「在教學後的對談中，藉由與教學者探討教學方式、技巧以及學生的反應，可以腦力激盪而想出許多不同的點子，這些點子更可以運用在不同的教學情境」（A18）。

（四）引發教師省思

分析教師的心得敘述，有 16 位教師指出教學觀察之實施，能引發他們省思自己的教學，這 16 位包含教學者和觀察者。而心得敘述中發現：擔任教學觀察者（評鑑者）看了他人教學後引發省思（15 人），反而比擔任教學者在教學後之省思（11 人）還要多。

教師的省思內容主要是警惕自己有無與他人同樣的缺點或優點，如「看到受評老師的優點，我具有嗎？」「看到受評老師的缺點，我也有嗎？」（A27）；又如「... 提醒自己在任教的科目或班級盡量小心不要有同樣的情形，...」（G09）。其次是調整自己的教學態度，如「... 教學者的開朗樂觀個性，反應在他的教學上，除了幫助他檢視在教學上的優缺點外，自己都隨之調整對教學的態度」（G03）。第三是警惕自己改正過往之缺失，如「透過別人的觀察及觀察別人，發現了自己還有許多不足之處，也深深引以為戒，不要再犯同樣的錯」（A79）。

（五）相互激勵

分析教師的心得中，有六位教師提到透過教學觀察和回饋會談，引發教師的教學動力、相互激勵等。例如「... 夥伴教師的優點就是自己進步的動力」（A04）；「... 藉由觀察夥伴教師的過程中為自己逐漸枯竭的心靈找到新的源泉」（G07）；「... 藉由相互教學觀察及同儕專業對話平台機制，... 能和夥伴教師共同激勵、扶持是一種成長的喜悅！」（G05）。

教學觀察之所以對教師的教學有激勵作用，主要是看到夥伴的優點、熱情及樂在教學，引發自己的教學動力；其次是在回饋會談中，受到夥伴的肯定與支持，因而重拾教學的動力。

（六）建立與增進夥伴關係

有 15 位教師在心得中提到，實施教學觀察讓教師間建立或增進夥伴關係。例如「在這次評鑑（教學觀察）的過程中，我與教學者也深深地體會到「同伴」的好處。... 我們發現在教學上有「同伴」是一件多麼棒的事情！」（A41, G04）。而有的教師（G01, G07, A69）表示，透過教學觀察過程已增進了與夥伴間的情誼。

不過這種夥伴信任關係的建立，也不是一蹴可幾的，而是經過「驚恐害怕期→漸入佳境期→彼此信任期」（G19）。在這過程是經過一段的溝通過程，夥伴教師才比較能接納和信任教學觀察者，尤其是夥伴中是資深和資淺者，或教學輔導教師和受輔導教師之關係。

（七）進一步瞭解教學觀察技術

分析教師的心得反應，有 8 位老師指出在實施教學觀察後，體會或進一步學到教學觀察的技術。如「觀察者須要反覆地做觀察技巧練習及擁有良好的學科知識，才能協助被觀察者發現問題」（A69）。經過教師三四年來的重複進行教學觀察，有的教師表示對教學觀察的流程和步驟已經更為熟悉（A28），而且對觀察工具之使用，更加瞭解，如「... 在觀察工具的使用上，已漸漸摸索出一套適合自己的方式，也能從中篩選出合適的使用工具」（G09）。

三、教師在實施教學觀察之障礙

教師在實施教學觀察過程中，有哪些困難或障礙？分析教師的心得反應中，只有 3 位教師提到一些困難和障礙。首先是文件工作費時。在教學觀察過程中，教師需寫簡案，觀察者需要做觀察記錄，事後要整理觀察記錄。因此，老師認為這些文件工作費時（A29）。不過，訪談中有位教師指出「教學觀察前會談和回饋會談平均一次約花 2.2 小時，不會負擔很重」（I03, I04）。

其次是教師覺得有壓力。一般而言，「入班觀察，多多少少會給老師帶來壓力」（A29）。畢竟教學觀察時，教師要準備簡案，且有旁人在教室拿著紙筆做紀錄。因此，感覺會有壓力存在。

第三是不易打破「班級王國」。教師指出，在教學觀察時「要打破班級王國的藩籬，讓他人踏進自己的地盤觀察自己教學，實屬不易」(A11）。不過經過三、四年實施教師專業發展評鑑所進行的教學觀察，在訪談中，有的教師指出，在班級教學中，「變成很自然有人在旁邊，不像以前上課只有老師一人沒有其他人在旁邊」；而且有的夥伴還期望教師去看他的教學（I02）。

第四個障礙是缺乏正式的會談。在教學觀察實施第一年或第二年，因為對教學觀察「沒有甚麼概念，不知道教學觀察是要怎樣進行，... 僅依檢核表勾一勾 ...」,「其實有點草率，只是一種型式，沒有什麼實質幫助」（I05）。回饋會談另一個障礙是教師的「信任關係」未建立，以致於僅說些好聽的客套話，如「... 不敢講得太直接，而比較委婉問他，... 因為會顧及是同事，怕傷感情」（I06）;「... 還是顧慮到彼此相處上的融洽，所以會多講優點少講缺點」（I08）。事實上，回饋會談技巧很重要。教學觀察後，看到教師應改進或可改進的缺失，不是要觀察者直接說出來，而是透過引導的方式，先讓教學者去思考和提出下次教學可能的作法，觀察者再加以強化即可。

伍、結論與建議

綜合本研究之發現，研究者歸納六點結論。第一，教學觀察之實施，夥伴組成大都為三人；大都由同學年教師自由組成；除教學輔導教師外，大都是一學期觀察一次；少部分夥伴教師未做觀察前會談，但都有進行回饋會談。

第二，教學觀察之實施對教師的教學專業確實有幫助。在心得的敘述中，有許多教師都能很具體地描繪或指出教學觀察對他 / 她的教學技巧和班級經營很有幫助。但若教學觀察實施流於形式或沒有進行回饋會談，則幫助不大，甚或沒有幫助。

第三，教學觀察之實施能引起教師很大的省思，尤其是觀察者在觀察夥伴教學之後，即使是資深教師觀察資淺教師，也能引起很大的省思。這種省思對教師的教學和帶班，即產生改進、調整及進一步學習的動力。

第四，教學觀察能使教師相互激勵。這種激勵主要是看到夥伴的優點、熱情及樂在教學；或者在回饋會談中，受到夥伴的肯定與支持。

第五，教學觀察之實施，可建立和增進夥伴關係。在國民小學的班級教學型態下，教師的教學是很孤立的（教室王國）。但實施教學觀察後，教師覺得與夥伴建立情誼，發現在教學上有同伴是很棒的事情。

第六，教師實施教學觀察之障礙主要有：一是文件工作費時：教學觀察過程中，教師需寫簡案；觀察者需要做觀察記錄，事後要整理觀察記錄。老師認為這些文件工作費時。二是教師覺得有壓力。三是教師不易打破「班級王國」；然而，有的教師在觀察幾次後，就能習慣教學觀察，還期望夥伴前來觀察。四是缺乏正式的會談：教學觀察實施第一年或第二年，因為教師對教學觀察沒有甚麼概念，不知道教學觀察是要怎樣進行。

根據本研究之發現，研究者提出三項建議，做為建立教師專業發展評鑑制度之參考：

第一，擴大進階評鑑人員研習之百分比。在本研究中，教學觀察確實有助於教師改進教學技巧和班級經營，也能引發教師的省思和相互激勵。然而，在訪談中發現有些教師僅接受初階評鑑人員研習，對教學觀察之實施仍無法落實。因此，宜再進一步參加進階人員研習，可採漸進提高百分比的方式來辦理。

第二，學校行政要有完善的準備和支援。研究發現：部分教師覺得填寫檢核表、做觀察記錄及教學簡案，是一種文件工作的負擔。因此，行政人員要事先規劃好必要的文件表格，去除非必要的文件資料，以減輕教師的文件負擔。不過，也要讓老師瞭解，進行教學觀察，還是要有必要的表格和紀錄。一方面可做為討論的依據，另一方面是自己累積經驗的檔案，以及成為學校課程與教學的文件檔案。

第三，持續推動教師專業發展評鑑。從研究中發現，教學觀察確實能引發教師的省思、促進教師的相互激勵及建立和維持教師的夥伴關係。這些教師互動關係，已逐漸改變並提升學校的教師文化。因此，宜持續推動教師專業發展評鑑，使教學觀察成為促進教師專業成長的重要機制之一。

參考文獻

丁一顧、張德銳（2006）。臨床視導對國小實習教師教學效能影響之研究。**師大學報：教育類，51**（2），219-236。

丁一顧、張德銳（2007）。臺北市教學輔導教師制度實施成效與問題的三年縱貫研究。**臺北市立教育大學學報，38**（2），1-32。

丁一顧、簡賢昌、張德銳（2003）。國民中小學教師教學專業發展標準及其資源檔之研究，**教育資料集刊，28**，213~239。

吳俊憲（2009）。提升教師專業發展知能—教室觀察。**靜宜大學師培實習輔導通訊，4**，8-10。

呂木琳（2006）。**談教師專業評鑑制度**。載於教育部95年度試辦中小學教師專業發展評鑑研討會手冊，8-16。

李珀（2000）。**教學視導**。臺北市：五南。

林春雄、陳雅莉、王欣華、胡峻豪、詹婷姬、許允麗、王慧娟（譯）（2007）。

臨床視導與教師發展 - 職前與在職的應用。臺北市：五南。

張新仁、馮莉雅、邱上真（2004）。發展中小學教師評鑑工具之研究。**教育資料集刊，29**，247-269。

張德銳（1992）。**國民小學教師評鑑之研究**。新竹：國立新竹師範學院。

張德銳（2004）。教室觀察與回饋 - 另一雙眼睛。**教育資料與研究，57**，128-130

張德銳（2004）。**教學視導**。「學校行政專題討論」課程系列講座活動，國立東華大學教育研究所。

張德銳（2006）。臺北市教學輔導教師制度的回顧、現況與前瞻。**教育行政與評鑑學刊，創刊號**，1-22。（臺北市立教育大學）

張德銳（2008）。以教學觀察與回饋促進教師專業發展。97 年度「教師專業發展評鑑教學影片委託製作計畫」「教學觀察與回饋－總論篇」參考資料。

張德銳、高紅瑛、李俊達、張芬芬、邱錦昌、張明輝、熊曣、萬家春、鄭玉卿、葉興華、張嘉育（2002）。**臺北市中小學教學輔導教師制度九十學年度實施成效評鑑報告**。臺北市：教育部。

張德銳、蔡秀媛、李柏佳、陳順和、江啟昱、李俊達、許籐繼、蔡美錦（2001）。**發展性教學輔導系統**。臺北市政府教育局之研究報告，未出版。

黃光雄（1989）。**教育評鑑的模式**。臺北：師大書苑。

楊深坑（2000）。新世紀師資培育之前瞻。載於中國教育學會（主編），**跨世紀教育的回顧與前瞻**（頁 21-46）。臺北：揚智文化。

賈馥茗（2000）。**教育大辭書**。臺北市：國立編譯館。

潘慧玲、王麗雲、簡茂發、孫志麟、張素貞、張錫勳、陳順和、陳淑敏、蔡濱如（2004）。國民中小學教師教學專業能力指標之發展。**教育研究資訊，12**（4），129-168。

賴耐鋼（2007)。**國中教師與學生語言互動之研究**。東華大學教育研究所碩士論文，未出版，臺東。

謝文全 (1989)。**教育行政 --- 理論與實際**。臺北：文景出版社。

簡紅珠 (1997)。專業導向的教師評鑑。**北縣教育，16**，18-22。

魏韶勤 (2004)。**教學輔導教師教學觀察與回饋對國小初任教師教學效能影響之研究**。臺北市立師範學院國民教育研究所碩士論文，未出版，臺北。

Acheson, K. A., & Gall, M. D. (1997). *Techniques in the clinical supervision of teachers: preservice and inservice applications*. (4th ed.) New York: Longman.

Acheson, K. A., & Gall, M. D. (2003). *Clinical supervision and teacher development: preservice and inservice applications*. (5th ed.) New York: Wiley.

Borich, G. D. (1994). *Observation skills for effective teaching*. N.Y.: Macmillan.

Danielson, C. & McGreal, T. L. (2000). *Teacher evaluation to enhance professional practice. Alexandria*, Va.: ASCD.

Flanders, N. A.(1989).*Analyzing teaching behavior. Reading*, MA:Addison-Wesley.

Worthen, B. R., & Sanders, J. R.(1987). *Educational evaluation: alternative approaches and practical guidelines*. New York: Longman.

（本研究為臺中教育大學「我國教師教育之政策變遷研究」計畫補助之第一年研究成果）

國家圖書館出版品預行編目資料

我國師資培育百年回顧與展望／楊思偉等合著；中華民國師範教育學會主編. ——初版. ——臺北市：五南，2012.05

面；　公分

ISBN 978-957-11-6657-5（平裝）

1.師資培育　2.文集　3.臺灣

522.933　　101007324

1IWN

我國師資培育百年回顧與展望

主　　編 — 中華民國師範教育學會

作　　者 — 楊思偉(317.7)　陳盛賢　吳宜樺　陳琦媛

葉憲峻　王欣宜　羅珮綺　顏佩如　黃雅鈴

林彩岫　施宜煌　陳慧芬　呂鍾卿　曾榮華

發 行 人 — 楊榮川

總 編 輯 — 王翠華

主　　編 — 陳念祖

責任編輯 — 李敏華

封面設計 — 童安安

出 版 者 — 五南圖書出版股份有限公司

地　　址：106台北市大安區和平東路二段339號4樓

電　　話：(02)2705-5066　　傳　　真：(02)2706-6100

網　　址：http://www.wunan.com.tw

電子郵件：wunan@wunan.com.tw

劃撥帳號：01068953

戶　　名：五南圖書出版股份有限公司

台中市駐區辦公室/台中市中區中山路6號

電　　話：(04)2223-0891　　傳　　真：(04)2223-3549

高雄市駐區辦公室/高雄市新興區中山一路290號

電　　話：(07)2358-702　　傳　　真：(07)2350-236

法律顧問　元貞聯合法律事務所　張澤平律師

出版日期　2012年5月初版一刷

定　　價　新臺幣450元